AI 미술과 포스트휴먼

인공지능총서

인공지능 시대입니다. 기계가 인간의 인지를 대신하고, 사물이 인간을 통하지 않고 다른 사물과 직접 커뮤니케이션합니다. 이에 따른 인간 삶과 문명 변화를 정확히 이해·예측·대응하는 것은 이 시대 우리 모두의 과제입니다. 인공지능총서는 인공지능 기술과 환경의 여러 주제를 10가지 키워드로 정리합니다. 관련 개념과 이론, 학계와 산업계의 쟁점, 우리 일상의 변화를 다룹니다. 인간과 기술의 현재, 미래를 세심히 분석합니다.

일러두기

- 인명, 작품명, 저서명, 개념어 등은 한글과 함께 괄호 안에 해당 국가의 원어를 병기했습니다.
- 외래어 표기는 현행 어문규정의 외래어표기법을 따랐습니다.

처음이세요?

전문가세요?

AI 미술과 포스트휴먼

이재은

대한민국, 서울, 커뮤니케이션북스, 2025

AI 미술과 포스트휴먼

지은이 이재은
펴낸이 박영률

초판 1쇄 펴낸날 2025년 3월 17일

커뮤니케이션북스(주)
출판 등록 2007년 8월 17일 제313-2007-000166호
02880 서울시 성북구 성북로 5-11
전화(02) 7474 001, 팩스(02) 736 5047
commbooks@commbooks.com
www.commbooks.com

ISBN 979-11-7307-796-8 03500

책값은 뒤표지에 표시되어 있습니다.

차례

AI와 포스트휴먼

AI, 경계 너머

2016년 3월 9일부터 15일까지, 알파고와 이세돌이 하루 한 차례씩 총 5회의 대국을 치른 딥마인드 챌린지 매치(Google Deepmind Challenge Match)에서 알파고가 거둔 4승은 인공지능이 인간을 앞서는 날이 곧 도래함을 우리 모두가 목도한 상징적 사건이다. 이듬해인 2017년 10월 AI 휴머노이드 로봇 소피아(Sophia)는 비인간 존재로서 세계 최초로 사우디아라비아 시민권을 받았다. 그리고 2019년과 2021년 AI 휴머노이드 로봇 미술가 아이다(Ai-Da)는 영국의 유명 전시 공간에서 개인전을 열었다.

이처럼 오늘날 우리 사회는 AI 휴머노이드 로봇과의 다양한 이벤트를 기획하며, 비인간(nonhuman)과의 공생을 모색하고 있다. 사실 인공지능은 시리(Siri)·알렉사(Alexa)·구글 어시스턴트(Google Assistant)처럼 이미 우리 일상 곳곳에 존재하며 우리 행동 양식과 생활 패턴에 실질적인 변화를 가져오고 있다.

분명 인공지능은 신자본주의가 표방하는 노동과 자본

의 효율성을 배경으로 계속해서 우리 몸은 물론 인식의 영역까지 침투해 긍정적 방향으로든 부정적 방향으로든 인간과 긴밀한 관계를 형성해 나갈 것이다. 이러한 변화 속에서 인간중심주의에서 벗어나 인공지능을 인간과 연결된 시스템으로 바라보는 것은 기계와 동물 등 비인간 존재들과의 비판적이고 책임 있는 관계를 형성하는 데 필수적이다. 이에 우리는 인간이 인공지능과 공생하며 공진화한다는 것이 무엇을 의미하며 어떤 과정인지 고민해야 한다. 이를 위해서는 무엇보다 제4차 산업혁명을 주도하고 있는 인공지능에 대한 깊은 이해가 필요하다.

AI 챗봇, 이루다가 남긴 교훈

인공지능 분야의 선구자들 대부분은 인공지능이 인간의 주관이나 편견에 오염되지 않은 판단과 지식을 낳음으로써, 인간과 기계 사이의 갈등을 해소함은 물론 주관성과 객관성 사이에 존재하던 오랜 갈등을 완전히 해소할 수 있을 것이라고 전망했다(홍성욱, 2019). 그러나 윤리 문제로 서비스가 중단된 20대 여자 대학생이라는 인격의 AI 대화 서비스 챗봇 '이루다'를 상기해 보자. 2020년 12월에 출시된 이루다는 짧은 시간 안에 MZ 세대 사이에서 큰 관심을 받았으나, 대화 내용에서 드러난 편향적 발언과 개인정보 노출 문제가 발생하며 서비스가 중단되었다. 이는 사회적으로 인공지능의 도덕과 윤리 교육의 필요성을 공론화하는 사건이었다.

그런데 이 문제가 일어난 근본적 이유는 인공지능의 문제가 아니라 우리 사회 정보의 편향성과 인간중심주의에 기인한 데이터가 불러온 것이다. 이는 어쩌면 과학기술의 발전 이면에 산업혁명 이후 인류를 늘 쫓아다녔던 '프랑켄슈타인의 괴물'이 인간중심주의가 낳은 편견에서 비롯한 것임을 우회적으로 보여 준 사건이다. 즉 '이루다' 사건은 첨단 과학 기술의 발전으로 인간과 비인간의 경계가 와해하며 혼융(混融)하는 지금의 인류에게 무엇보다 필요한 것이 인간 중심의 시각에서 벗어나 비인간으로 배제되어 온 타자의 시선에 기반한 윤리와 가치에 대한 논의임을 시사한다.

즉, 제4차 산업혁명 시대가 말하는 인간과 비인간의 공생의 가치를 실현하기 위해서는 인간과 인공지능 모두 계몽주의에 기반을 둔 인간 중심 사유에서 벗어나, 인간과 비인간 간 경계를 허물며 공진화를 모색할 수 있는 새로운 시각이 필요하다.

이미지 자율 생성 AI 앞에서

나날이 진화하며 우리 삶 깊숙이 스며들고, 인간과의 경계를 허물어 가는 인공지능이 초래하는 변화에 대한 문제의식은 미술 현장에서도 찾아볼 수 있다. 특히 2021년과 2022년에 누구나 쉽게 접근이 가능한 이미지 자율 생성 AI(Generative AI for Images) 프로그램이 본격적으로 출시되면서, 예술계에는 새로운 표현의 가능성에 대한 환희와 동시에 작가의 주체성과 창의성에 대한 위협에서 오는 공포라는 상반된 반응이 나타나기 시작했다. 무엇보다 자율 생성 AI는 인간의 고유한 특징으로 여겨온 창의성이라는 '신화'에 균열을 일으켰다.

즉, 인공지능의 놀라운 기술적 발전은 미술의 영역에서도 그 존재감을 드러내며 다음의 질문을 던진다. '튜링 테스트와 마찬가지로 인간 관람자가 인간 미술가와 인공지능 로봇 미술가의 작품을 구분하지 못한다면, 인공지능이 인간의 창의성을 달성했다 할 수 있는가?', 그렇다면 '인공지능의 생성 이미지는 예술이라고 할 수 있는가?', '만약 인공지능이 생성한 이미지가 예술이 아니라면, 인간 예술의 조건은 무엇인가?', '창작 과정에서 미술가와 인공지능의 대칭적 관계가 가능한가?' 분명 AI 휴머노이드 로봇 미술가, 아이다의 작품 활동과 빅테크 기업들의 미술 프로젝트는 이에 대한 논의를 우리 사회에 재촉하고 있다.

그러나 앞선 물음에 우리가 응답하기 위해서 먼저, 인공지능에 대한 충분한 이해가 필요하다. 인공지능은 주어진 조건 내에서 어떤 목표를 최대한 달성하기 위한 기계다. 예컨대, 이미지 자율 생성 AI는 사용자의 명령어에 합당한 이미지를 최대한 빨리, 근접하게 생산하기 위한 것이다.

'프랑켄슈타인의 괴물'의 그림자

아이러니하게도, 자신의 역할을 수행한 인공지능 앞에서 우리는 '사람이 제작한 것 같다'는 감탄사와 함께 월경(越境)하는 AI 행진을 우려한다. 1818년 메리 셸리(Mary Shelly)가 『프랑켄슈타인』을 발표한 이래 우리는 계속해 '프랑켄슈타인의 괴물'의 공포에 그대로 사로잡혀 있는 것이다. 일본 로봇 공학자 모리 마사히로(森政弘)가 1970년에 소개한 '불쾌한 골짜기(Uncanny Valley)' 이론이 말하는, 인간과 꼭 닮은 로봇이나 인공물에 대해 사람들이 느끼는 섬뜩함과 공포감 역시 프랑켄슈타인의 괴물을 공고히 할 뿐이다.

그렇다면 이 감정은 인간이라면 태초부터 '타고난',

'전승하는' 무엇인가? 여기에 대한 대답부터 먼저 하자면, 그것은 아니다. 이 감정은 약 500년간 인류를 지배해 온 인간중심주의에 기반한 이분법적인 사고가 길러 온 타자에 대한 공포심에서 기인한다.

인간과 비인간 간 경계 존재, 포스트휴먼

인간과 비인간의 경계 짓기에서 벗어나 인간과 비인간이 공생하는 사회의 실현을 위해서는 '불쾌한 골짜기'를 넘어설 수 있는, 인간을 너무나도 닮은 AI에 대한 이해가 필요하다. 이에 대한 제안이 바로 포스트휴머니즘이다.

포스트휴먼은 누구를 지칭하는 것일까? 그리고 포스트휴먼이 된다는 것은 무엇을 의미할까? 이에 대해 캐서린 헤일스(Katherine Hayles)는 AI에 대한 공포를 불식시키는 정의를 내놓는다. 포스트휴먼이란 비인간이 도래해 인간의 종말이 오는 것을 의미하는 것이 아니다. 그것은 인간과 비인간 형태가 공유하는 파트너십이자 둘 사이의 경계에 도전하는 과정이다(Hayles, 1999). 이러한 포스트휴먼의 조건을 포스트휴먼 신체를 연구하는 핼버스탬(Judith Halberstam)과 리빙스턴(Ira Livingston)에 따르면, 인간이 기계와 만나 일종의 혼합물이 되고, 기술에 의해 자연이 변형될 뿐만 아니라 역으로 기술도

유기체의 기능적 구성체로서 자연 안에 동화되며, 자아/타자, 인간/외계인, 정상/비정상 등의 휴머니즘적 혹은 모더니즘적인 이분법의 구분이 흐려지고 있다(전혜숙, 2015). 요컨대, 포스트휴먼은 첨단 과학 기술의 매개로 이분법적 경계의 해체 과정에서 생성되는 인간의 기계화와 동시에 기계의 인간화를 포괄한다.

현대미술과 포스트휴먼

포스트휴먼 연구자들이 주목하는 '되기' 과정에 대한 현대미술가들의 사유는 AI의 출현과 큰 시차 없이 1960년대부터 나타나기 시작했다. 대표적 미술가가 영국 출신 해럴드 코언(Harold Cohen, 1928~2016)이다. 1960년대 말과 1970년대 초에 해럴드 코언은 '그림 그리는' 인공지능 프로그램 '아론(AARON)'을 개발하여, 인공지능 프로그램과 인간이 함께 작업하는 환경을 선보였다.

코언과 아론은 이미지 자율 생성 AI 시대 인공지능 프로그램의 창작자로서 미술가의 초상과 회화의 창작자로서 인공지능의 초상을 제공한다. 그리고 아론은 현대미술사에서 선구적인, 그림 그리는 인공지능 프로그램일 뿐만 아니라 스탠리 큐브릭(Stanley Kubrick)의 〈2001: 스페이스 오디세이(2001-A Space Odyssey)〉(1968)의 슈퍼컴퓨터 할(Hal)과 달리 인간과 협업하며 인간과 공진화하는 인공지능의 상징으로도 그 접근이 가능하다. 즉, 코언과 아론은 프랑켄슈타인과 그의 괴물의 계보를 이탈하는, 포스트휴먼 사회가 말하는 인간과 비인간의 대칭적 관계의 선구적 모델로서 그 접근이 가능하다.

1992년 큐레이터 제프리 다이치(Jeffrey Deitch)는 '포스트 휴먼(Post Human)'(1992) 전을 열었다. "새로운 인간 유형을 위한 새로운 예술을 알리는 선언"이라는 이 전시에 대한 미술사가 로버트 로젠블럼(Robert Rosenblum)의 평가가 말해 주듯(Rosenblum, 2004), 1990년대 후반 포스트휴먼 담론의 출현과 맞물려 미술가들 사이에서 역시 기술 발전과 함께 변화하는 인간 존재에 대한 사유가 적극적으로 모색되었다.

제4차 산업혁명 시대 첨단 과학 기술을 매개로 사라지는 인간과 비인간의 경계에서 등장하고 있는 포스트휴먼에 대한 탐구는 현대미술사에서 1980년대 스텔락(Stelarc, 1946~)과 오를랑(Orlan, 1947~)의 퍼포먼스에서 나타나기 시작했다. 그리고 현재까지 파트리샤 피치니니(Patricia Piccinini), 피에르 위그(Pierre Huyghe), 아르 오리앙테 오브제(Art Orienté Object) 등의 작품들에서 볼 수 있듯이, 계속해 진행 중이다.

미술가가 바라보는 AI의 인간 되기

코언의 아론이 말해 주듯이, 포스트휴먼에 대한 미술가들의 관심은 인간 존재의 변화에만 머물지 않는다. 이미지 자율 생성 AI 등장을 기점으로 미디어 미술가들의 관심은 인공지능의 인간 되기 과정, 특히 AI의 이미지 생성과 인간 창의성의 관계에 주목하고 있다.

그렇다면 오늘날 미술가들은 인간의 흉내와 모방을 넘어 빠른 속도로 인간만의 특질이라고 여겨 온 창의성을 펼쳐내 보이는 이미지 자율 생성 AI와 작업하며 어떤 사유를 펼쳐 내는 중일까? 이에 대한 고찰을 통해 이 책은 인공지능이 인간의 흉내와 모방을 넘어 포스트휴먼이 된다는 것이 과연 무엇을 의미하는지 응답하고자 한다.

이 책의 목적

이 책은 AI 휴머노이드 로봇과 자율 생성 AI가 인간 중심 사회에 일으키고 있는 공포를 논하는 자리는 아니다. 현대미술은 첨단 과학 기술의 최전선에서 도덕과 윤리의 금기에 맞서며 늘 적극적으로 새로운 미디어가 사회에 촉발하는 이슈에 대한 논의의 장을 펼쳐 왔다. 이에 1950년 '기계는 생각할 수 있는가?(Can Machines think?)'라는 앨런 튜링(Allan Turing)의 질문에서 시작해 "기계는 창작할 수 있는가?"라는 질문에 이르기까지 데카르트의 코기토(Cogito)를 무력하게 하는 인공지능의 '진화'에 대한 오늘날 미술가들의 시선과 반응은 인공지능과 함께 살아가는 삶을 고민해야 하는 오늘날 우리에게 필요한 비인간의 인간화에 대한 이해를 확장할 토대를 마련할 기회를 제공한다.

AI 미술의 아버지라고 평가할 수 있는 해럴드 코언을 시작으로 노진아, 레픽 아나돌(Refik Anadol), 마리오 클링게만(Mario Klingemann), 콜렉티브 오비어스(Collective Obvious), 피에르 위그는 SF 문학의 계보에서 비인간과 공유할 수 없는 인간만의 영역으로 여겨져 온 언어, 꿈, 창의성의 세계를 인공지능에 개방한다. 언어, 꿈, 창의성은 인공지능이 인간의 도구를 너머 그들의 시선을 통해 세상을 바라보고 상상하는 존재로서 관람자가 사유할 기회를 제공한다.

이 책의 구성

제4차 산업혁명 시대 인간과 비인간의 장벽을 넘어서 포스트휴먼으로 그 존재감을 드러내고 있는 인공지능에 대한 미술가들의 사유를 안내하는 이 책은 저자가 2021

년에 발표한 논문 "인공지능과 포스트휴먼"을 길라잡이 삼아 다음과 같이 구성한 것이다.

'프랑켄슈타인의 괴물'이라는 유령에 기대 인간 중심적 시선이 폄하해 온 'AI 인간 되기'에 대한 올바른 이해를 위해서는 무엇보다 인공지능에 대한 지식이 필요하다. 이에 1장부터 5장까지는 AI 휴머노이드 로봇과 자율 생성 AI를 중심으로 AI의 도전과 그 의미를 조망한다.

1장은 인공지능에 대한 올바른 이해를 돕기 위해 자율 생성 AI의 출현까지 인공지능의 개념과 발전을 조망한다. 2장은 첨단 과학 기술의 발전으로 탄생한 포스트휴먼의 맥락에서 인공지능을 조망할 수 있는 시각을 마련하기 위해 포스트휴먼 담론을 다룬다. 포스트휴먼 담론은 두 경향으로 나뉜다. 하나는 닉 보스트롬(Nick Bostrom)과 레이 커즈와일(Ray Kurzweil), 한스 모라벡(Hans Moravec) 등이 대표하는 트랜스휴머니즘(Transhumanism)이다. 트랜스휴머니즘은 첨단 과학 기술과 결합한 인간을 인간 강화의 측면에서 접근한다. 다른 하나는 도나 해러웨이(Donna Haraway), 로지 브라이도티(Rosi Braidotti), 캐서린 헤일스 등이 대표하는 비판적 포스트휴머니즘(Critical Humanism)이다. 비판적 포스트휴먼니즘은 첨단 과학 기술을 매개로 인간과 비인간이 융합하는 과정에서 일어나는 '-되기'에 집중한다.

3장에서는 딥러닝(Deep Learning) 혁명 이후 등장하기 시작한 AI 휴머노이드 로봇 가운데 미술가로서 인간의 창작 활동에 도전하고 있는 아이다의 창작 활동을 소개하고 작품 특징을 분석한다. 이를 토대로 인간 중심의 미술 현장에서 미술가로서 활동하고 있는 아이다의 존재와 작품이 제기하는 쟁점을 고찰한다. 4장에서는 창작 도구로서 이미지 AI 생성 프로그램 미드저니(Midjourney), 달리(DALL-E), 스테이블 디퓨전(Stable Diffusion)을 소개한다. 그리고 이를 통해 미술가들의 작업 과정에 나타난 변화를 탐구한다. 5장에서는 빅테크 기업들이 주도한 AI 미술 프로젝트를 중심으로, 구글 · 마이크로소프트 · 오픈AI의 AI 기술력과 유명 미술관 · 미디어 미술가들의 AI 협업 프로젝트를 소개한다. 이를 통해 이러한 협업이 포스트휴먼 사회에서 가지는 의미와, 인공지능을 활용한 예술의 가능성을 탐구한다.

앞선 장을 토대로 6장부터 10장은 포스트휴먼 시대 인공지능의 인간-되기 과정을 오늘날 미술가들이 어떻게 풀어내고 있는지 고찰한다.

6장에서는 현대미술사에서 AI와 미술가의 관계, 나아가 기계의 창의성 문제를 선구적으로 다룬 해럴드 코언과 아론을 소개한다. 1960년대 후반과 1970년대 초반에 코언은 그림 그리는 AI 프로그램의 선조라고 할 수 있는 아론을 개발한, 레오나르도 다 빈치를 방불케 하는 인물이다. 7장에서는 노진아의 작품에 등장하는 AI 휴머노이드 챗봇의 분석을 통해 인간과 기계 간 경계 해체 과정에서 언어의 역할을 논한다. 이 장은 2021년에 발표한 논문 "인공지능과 포스트휴먼-노진아의 〈제페토의 꿈〉(2010)을 중심으로"(2021)를 간추렸다. 다음으로 8장에서는 레픽 아나돌의 꿈꾸는 데이터 조각을 〈월트 디즈니 콘서트홀 꿈(WDCH Dreams)〉 중심으로 살펴본다. 아나돌은 인간과 기계의 경계로서 1960년대 SF 소설을 대표하는 필립 딕(Philip K. Dick)이 『안드로이드는 전기 양을 꿈꾸는가?(Do Androids Dream of Electric Sheep?)』(1968) 발표 이후 작동해 온 꿈을 인공지능에 개방한다. 그는 AI 시스템의 오작동으로 우려하는 AI 환각을 인공지능의 무의식과 꿈의 세계로서 펼쳐 낸다. 아나돌의 작품 세계에서 펼쳐 내는 AI의 꿈을 통해 인간 지능의 모방을 넘어 무의식을 형성해 내는 포스트휴먼으로서 인공지능의 의미를 짚어 본다. 9장에서는 AI의 창의성을 실험적으로 탐구한 마리오 클링게만의 〈정육점 집 아들(The Butcher's Son)〉(2017)과 〈행인의 기억 I(Memories of Passersby

I)〉(2018), 콜렉티브 오비어스의 〈에드몽 드 벨라미 초상(Portrait of Edmond de Belamy)〉(2018)을 통해 AI가 도전하고 있는, 인간과 AI의 경계의 마지막 관문이라 할 수 있는 창의성에 대해 다시 한번 생각해 본다. AI의 창의성은 인간의 상상력을 확장하는 동시에, 인간의 고유한 경험과 감정을 반영하며 더 깊은 공감을 이끌어 낼 잠재력이기도 하다. 마지막으로, 10장에서는 피에르 위그의 〈움벨트(Uumwelt)〉(2018)를 통해 인간과 비인간이 공생하는 포스트휴먼 사회 구현에 필수 불가결한, 인간과 비인간의 다른 두 시선이 공존하는 포스트휴먼 생태에 대해 논의한다.

참고문헌

이재은(2021). 인공지능과 포스트휴먼-노진아의 〈제페토의 꿈〉(2010)을 중심으로. ≪아시아문화연구≫, 제57집, 95~124.

전혜숙(2015). 『포스트휴먼 시대의 미술』. 아카넷.

홍성욱(2019). 『포스트휴먼 오디세이』. 휴머니스트.

Hayles, K.(1999). *How We Became Posthuman, Visual Bodies in Cybernetics, Literature, and Informatics*, The University of Chicago Press.

Rosenblum, R.(2004). POST HUMAN, *Artforum*, http://artforum.com/columns/post-human-169745.

http://deitch.com/los-angeles/exhibitions/post-human.

01
AI의 개념과 발전

자율 생성 AI는 기존 데이터를 분석하고 상황을 판단하는 인식형 AI(Perceptive AI)와 달리, 학습한 데이터를 바탕으로 텍스트와 이미지를 생성할 수 있다. 자율 생성 AI의 등장은 인류 사회의 패러다임을 바꾸며, 포스트휴먼 시대로의 전환을 더욱 가속화하고 있다.

AI와 1인 창업?

AI 개념

인공지능(Artificial Intelligence, AI)은 인간의 지능을 모방한 컴퓨터 시스템이다. 엄밀히 말하자면, "지능적인 컴퓨터 시스템 설계 분야로서 인간 행동에서 지능과 관련한 언어 이해 · 학습 · 추론 · 문제 해결 등의 특성을 보여 주는 시스템이다"(Barr & Feigenbaum, 1981).

기계 지능에 가장 먼저 착안한 인물은 오늘날 컴퓨터 과학과 인공지능의 아버지라고 평가받는 영국의 수학자 앨런 튜링(Allan Turing)이다. 1950년에 튜링은 '기계는 생각할 수 있는가?(Can Machines think?)'라는 파격적인 질문을 던지며 『계산 기계와 지능(Computing Machinery and Intelligence)』의 서문을 열었다. 그는 기계가 사람과 대화할 때 인간처럼 대화를 나눌 수 있는지 탐구했으며, 이를 기계 지능(machine intelligence)이라 정의했다. 후일 '튜링 테스트(Turing Test)'라고 알려진 모방 게임(Imitation game)은 기계 지능 테스트다. 모방 게임은 인간과 기계, 질문자로 구성된다. 질문자가 인간과 기계의 답변 사이에서 기계를 구별하지 못한다면 기계가 인간처럼 생각이 가능하다고 튜링은 보았다.

기계 지능이 오늘날 우리에게 익숙한 인공지능으로 소개된 것은 1956년에 미국의 컴퓨터 과학자이자 인지

과학자인 존 매카시(John McCarthy)가 개최한 다트머스 여름 워크숍 '인공지능에 관한 다트머스 여름 연구 프로젝트(The Dartmouth Summer Research Project on Artificial Intelligence)'에서였다.

AI 용어

지난 수십 년 동안 기계 지능의 기술적 발전이 거듭하며 인공지능의 용어도 세분화했다. 하나는 특수 인공지능(Artificial Narrow Intelligence, ANI)이다. 좁은 인공지능 또는 약인공지능이라고도 불린다. 특수 인공지능은 특수한 문제 하나를 잘 푸는 시스템이다. 다음은 범용 인공지능으로 잘 알려진 일반 인공지능(Artificial General Intelligence, AGI)이다. 일반 인공지능은 사람처럼 다채로운 환경 속에서 마주하는 문제에 유연하게 대처할 수 있는 시스템이다. 지금의 기계 지능에서 일반 인공지능에 가장 근접한 인공지능 시스템은 오픈AI(OpenAI)의 챗지피티(ChatGPT)다. 마지막은 슈퍼 인공지능(Artificial Super Intelligence, ASI)이다. 슈퍼 인공지능은 인간의 지능 수준을 넘어선 인공지능이다. 미국 출신의 컴퓨터 과학자이자 미래학자 레이 커즈와일(Ray Kurzweil)은 기계 지능이 인간을 능가하는 시점을 '특이점(singularity)'

이라는 용어로 지칭했다. 그는 이 특이점이 약 20년 뒤인 2045년에 도달할 것이라고 예측했다.

AI 역사

1956년에 다트머스대학교 수학과 조교수 존 매카시는 다트머스 여름 워크숍 '인공지능에 관한 다트머스 여름 연구 프로젝트'를 개최했다. 매카시를 중심으로 마빈 민스키(Marvin Minsky), 너새니얼 로체스터(Nathaniel Rochester), 클로드 섀넌(Claude Shannon)을 포함한 열 명의 과학자들은 인간의 모든 학습과 지능의 특성을 묘사한 내용을 기반으로, 기계도 인간의 지능을 재현할 수 있다고 믿었다.

6주간의 워크숍 동안 과학자들은 자연 언어 처리, 신경망, 컴퓨터 연산 이론 등의 인공지능 연구 가능성과 방향성에 대해 논의했다. 이렇게 시작된 인공지능 연구는 크게 두 방향으로 나뉘었다. 하나는 인간의 두뇌 신경망을 모방하여 학습과 사고 과정을 구현하려는 생물학적 접근으로 인간두뇌학이다. 다른 하나는 논리와 수학적 기호를 활용해 지능을 구현하려는 추상적 접근으로, 기호 계산(symbolic AI)이다.

다트머스 여름 워크숍을 기점으로 1960년대 인공지

능 연구는 전성기를 맞이했다. 이 시기 인공지능 연구자들은 문제 풀이(problem solver)와 기호 논리 증명(logic theorem prover)에 집중했다. 그러나 1970년대 중반에 들어서면서 무엇보다 워런 매컬러(Warren McCulloch)와 월터 피츠(Walter Pitts)의 초기 연구, 신경망 이론의 잠재력에 대한 희망이 사라지면서 투자자들과 정부 기금 지원 기관들의 신뢰가 흔들렸다. 기금은 고갈되었고, 인공지능 연구에 첫 겨울이 찾아왔다.

다행히 1980년대 전문가 시스템(Expert System)의 등장으로 인공지능 연구는 다시 활기를 찾았다. 전문가 시스템은 의사 결정 능력을 갖춘 컴퓨터 시스템이다. 컴퓨터 시스템은 인간 영역 전문가들에게 얻은 정보들을 일일이 손으로 입력한 지식 데이터베이스를 바탕으로 간단한 추론을 도출한다. 이에 전문가 시스템을 운영하기 위해서는, 그에 걸맞은 대규모 시스템 구축과 지속적인 오류 검증, 최신 정보의 지속적인 입력이 필요했다. 이를 유지하기 위한 거대 자본과 최신 정보 입력의 필요성이 결국 인공지능 연구의 걸림돌이 되면서 두 번째 겨울이 찾아왔다.

단 하나라도 틀린 추론을 할 경우, 엉뚱한 결론에 다다르는 전문가 시스템의 문제점이 신경망과 유전자 알고리즘을 통해 보완되면서부터 1990년대 중반 인공지능 연구는 새로운 도약의 전기를 마련했다. 신경망은 전체 시스템 붕괴를 방지하며, 경험에서 학습하고 데이터에서 숨겨진 패턴을 찾는 머신 러닝(machine learning)을 가능케 했다.

신경망 기법은 성장기 아이들이 전문가의 설명이 아니라 경험을 통해 세상을 배운다는 발달심리학자 장 피아제(Jean Piaget)와 레프 비고츠키(Lev Vygotsky)의 주장에서 착안한 것이다. 데이터 기반 학습 시도는 '딥러닝 혁명'으로 이어져 오늘날 인공지능의 빠른 발전을 견인 중이다.

거듭된 성공과 실패를 거치며, 2010년대 이후 컴퓨터 성능의 향상, 다학제적 접근, 수학적 기법의 발전, 그리고 빅데이터의 가용성 등이 결합되어 인공지능은 '3차 AI 봄'을 맞이했다. 딥러닝 혁명으로도 불리는 3차 AI 봄은 2012년 세계 화상 인식 대회(ImageNet Large Scale Visual Recognition Challenge, ILSVRC)에서 캐나다 토론토대학교의 제프리 힌턴(Geoffrey Hinton) 교수 연구팀의 우승에서 시작했다. 이 대회에서 힌턴의 연구팀은 딥러닝(deep Learning) 기술을 이용해 15.3%의 에러율을 기록했다.

다음으로 2016년 구글 딥마인드(DeepMind)가 개발한 알파고(Alpha Go)는 바둑에서 이세돌을 상대로 승리했다. 특히 제2국에서 알파고의 제37수는 수백 년 동안 이어져 온 대국의 정석을 깨고, 알파고만의 독창적인 수를 둔 것으로 세상을 놀라게 했다. 알파고의 제37수는 인공지능이 인간의 지능을 넘어 창의성의 서막을 열었다고 평가받는 상징적 사건이다.

2017년, 구글은 '트랜스포머(Transformer)'를 개발했다. 트랜스포머는 문장 내 단어 간의 관계를 효율적으로 분석하여 긴 문장의 학습이 가능한 알고리즘이다. 이 알고리즘을 가장 빠르게 상용화한 곳은 오픈AI다. 오픈AI는 2021년과 2022년에 각각 자율 생성 AI(Generative AI)를 대표하는 달리(DALL-E)와 챗지피티를 출시했다. 자율 생성 AI는 기존 데이터를 분석하고 상황을 판단하는 인식형 AI(Perceptive AI)와 달리, 학습한 데이터를 바탕으로 텍스트와 이미지를 생성할 수 있다. 자율 생성 AI의 등장은 인류 사회의 패러다임을 바꾸며, 포스트휴먼 시대로의 전환을 더욱 가속화하고 있다.

참고문헌

닉 보스트롬. 조성진 역(2017). 『슈퍼인텔리전스: 경로, 위험, 전략』.

까치.
이재은(2021). 인공지능과 포스트휴먼-노진아의 〈제페토의 꿈〉(2010)을 중심으로. ≪아시아문화연구≫, 제57집, 95~124.
Barr, A. & Feigenbaum, E.(1981), *The HandbooK of Artificial Intelligence Vol.1.* Los Altos, CA: Morgan Kaufmann.

02
AI 포스트휴먼

'생각하는' 인간을 모방한 기계라는 점에서 AI는 인간 존재에 근원을 두고 있다. 그러나 기계와 어깨를 나란히 하며 살아간다는 것은, 계몽주의를 기점으로 서구가 구축한 백인 · 남성 · 이성 우선의 인간중심주의에 기반한 이분법적 시스템에 균열을 야기하는 사건이다. 이는 인간 중심의 사회에서 보자면, 카오스만큼이나 거대한 혼돈이다.

AI와 MBTI?

딥러닝 혁명 이후 빠른 속도로 발전하고 있는 인공지능은 산업혁명 이후 기술 역사의 연장선에서, 우리 인간을 육체노동뿐만 아니라 지식노동에서도 해방해 줄 것이다. 그러나 인간의 지능을 뛰어넘는 슈퍼 인공지능의 개발은, 영국 옥스퍼드대학교 철학과 교수인 닉 보스트롬(Nick Bostrom)의 우려처럼, 우리가 만든 기계에게 인간 삶의 통제권을 넘겨줄 잠재적 위험성을 경고한다. 그렇다면, 기계에게 삶의 통제권을 빼앗긴다는 것은 과연 무엇을 의미하는 것일까? 인간처럼 생각하고 창작하는 기계와 함께 노동하며 여가를 즐기며 산다는 것은 무엇을 의미하는 것일까? 만약 인간과 비인간이 공생할 수 있는 사회 시스템의 구축이 가능하다면, 지금과 같은 슈퍼 인공지능에 대한 염려는 더 이상 불필요하지 않을까?

기계와 나란히 걷기

'생각하는' 인간을 모방한 기계라는 점에서 인공지능은 인간 존재에 근원을 두고 있다. 즉, 인공지능은 기계를 인간화하는 것이다. 그러나 기계와 어깨를 나란히 하며 살아간다는 것은, 계몽주의를 기점으로 서구가 구축한 백인 · 남성 · 이성 우선의 인간중심주의에 기반한 이분법적 시스템에 균열을 야기하는 사건이다. 이는 인간 중심의 사회에서 보자면, 카오스만큼이나 거대한 혼돈이다.

인간과 구분이 불가능한 인공지능 휴머노이드 로봇인 '안드로이드'와 인간 사회의 긴장감을 잘 그려 낸 〈블레이드 러너〉(1982)의 감독 리들리 스콧(Ridley Scott)은 최근 SF 영화에서도 인간과 AI 휴머노이드 로봇의 관계에 대한 다른 두 시선을 구현했다. 예컨대, 〈프로메테우스〉(2012)에서 스콧은 인공지능 휴머노이드 로봇 데이비드(David)를 SF 문학의 비인간 계보의 맥락에서 '프랑켄슈타인의 괴물'에 배치했다. 반면 〈에이리언: 커버넌트〉(2017)에서 스콧은 제4차 산업혁명 시대 첨단 과학기술과 인간 삶 자체가 떼어 낼 수 없는 포스트휴먼 사회로의 변화를 수용하는 듯 데이비드의 후속 모델로서 인간과 공생하는 '월터(Walter)'를 등장시켰다.

인공지능 분야의 선구자들 대부분은 인공지능이 인간의 주관이나 편견에 오염되지 않은 판단과 지식을 낳음으로써, 인간과 기계 사이의 갈등을 해소함은 물론 주관성과 객관성 사이에 존재하던 오랜 갈등을 완전히 해소할 수 있다고 전망했다(홍성욱, 2019). 그러나 윤리 문제로 서비스가 중단된, 20대 여자 대학생이라는 인격의 AI 대화 서비스 챗봇 '이루다'의 사례는 반면교사가 된다.

2020년 한국에서 출시된 이루다는 MZ 세대 사이에서 큰 인기를 끌었으나, 대화 내용에서 성소수자 · 장애인 · 임산부 · 인종 차별 등의 편향적 발언과 개인정보 노출 문제가 드러나며 서비스를 종료했다. 이는 인공지능의 도덕과 윤리 교육의 필요성을 공론화한 사건이었다.

이 문제의 근본적 원인은 인공지능 자체가 아니라, 우리 사회 정보의 백인 · 남성 · 이성 우선의 인간 중심적 구조에 있다. 이에 대한 문제의식을 안고 인공지능에 대한 막연한 두려움과 편견에서 벗어나 비인간과 대칭적 관계를 맺으려면 새로운 종, 포스트휴먼(Posthuman)을 사유할 수 있는 탈인간중심주의, 포스트휴머니즘(Posthumanism)에 대해 숙고할 필요가 있다.

포스트휴먼이란?

1977년에 문화 이론가인 이합 하산(Ihab Hassan, 1925~2015)은 "행위자로서 프로메테우스: 포스트휴머니즘 문화를 향하여(Prometheus as Performer: Toward a Posthumanist Culture?)"에서 스탠리 큐브릭(Stanley Kubrick)이 발표한 〈2001: 스페이스 오디세이〉(1968) 슈퍼컴퓨터 할(HAL)을 통해 인공지능과 포스트휴머니즘의 상호관계성을 다음과 같이 설명했다.

> 인공지능이 인간 뇌를 대체할 것인가? 시정할 것인가? 단지 그 능력을 확장할 것인가? 우리는 모른다. 그러나 초라한 계산기에서 탁월한 컴퓨터로 변화한 인공지능이 인간(man) 이미지와 휴먼(human) 개념을 재편하고 있다는 사실은 안다. 인공지능은 새로운 포스트휴머니즘의 에이전트(agents)다(Hassan, 1977).

하산의 말처럼, 포스트휴머니즘은 인공지능의 '진화'에서 일어나는 휴머니즘의 지각 변동에서 등장했다. 인간의 의지 아래 인간의 지능을 모델로 삼아 태어난 인공지능은 기계라는 경계에 서서 인간 존재를 되돌아보게 만든다.

인공지능이 데카르트의 코기토(Cogito)에 기반을 둔 인간 존재에 일으킨 지각 변동은 무엇일까? 우선 '포스트휴먼'이라는 단어를 살펴보자. 로버트 페퍼럴(Robert Pepperell)은 포스트휴먼을 다음과 같이 정의한다. 첫째, 포스트휴먼은 휴머니즘이라고 알려진 사회 발달 시대의 종식을 나타내며, 이는 '휴머니즘 이후'를 의미한다. 둘째, 포스트휴먼은 인간 존재를 구성하는 전통적 개념들이 근본적인 변화를 겪고 있음을 보여 준다. 더 이상 인간이라는 존재를 기존의 사고방식으로 정의할 수 없다는 것을 시사한다. 셋째, 포스트휴먼은 생물학과 기술 과학의 융합으로 인해 인간과 비인간을 구별하기 어려워진 상태를 표현한다. 이를테면, '인간'이라는 개념은 '테크노-생물학'이라는 더 큰 집합의 하위 집합에 불과하며, 인간은 일시적 단계에 지나지 않는다는 것이다(로버트 페퍼럴, 2017). 이처럼 포스트휴먼은 인공지능을 포함한 첨단 과학 기술의 발전이 인간 개념에 새로운 관점을 부여하고 기존 사고 체계를 재편하는 데 중요한 역할을 하고 있음을 보여 준다.

트랜스휴머니즘

포스트휴먼에 대한 시각은 크게 두 입장으로 나뉜다. 첫 번째는 닉 보스트롬과 레이 커즈와일, 한스 모라벡(Hans Moravec)이 대표하는 트랜스휴머니즘(Transhumanism)이다. 트랜스휴머니즘은 로봇공학, 보철공학 기술, 신경과학과 유전공학 등을 통해 인간의 지적 · 신체적 · 심리적 능력을 향상시키는 것을 환영하는 지적 · 문화적 운동이다. 보스트롬은 인공지능 혹은 유전자 조작을 통해 주어진 생물학적 능력을 넘어서는 존재를 포스트휴먼이라고 정의한다. 모라벡은 2040년에 인간보다 지능이 뛰어난 초로봇(über-robots)들이 지배하는 생물 이후

(postbiological) 사회가 도래할 것이라고 주장했다. 그는 "자연의 섭리에 의해 부모 세대가 사라지고 자손이 자신의 운명을 개척하듯, 조만간 우리는 사라질 것이고 기계가 자신의 운명을 개척할 것이다"(한스 모라벡, 2011)라고 말했다.

트랜스휴머니즘에서 말하는 로봇은 인간이 생물학적 육체를 버리고 정신을 기계로 업로드해 태어난 존재다. 그러므로 AI 로봇은 인류의 지식과 문화, 가치관을 계승한다. 요컨대 트랜스휴머니즘 관점에서 바라보는 포스트휴먼은 현재의 호모 사피엔스의 생물학적 특성과는 전혀 다른 모습과 능력을 지닐 수 있지만, 정신적으로 인간중심주의를 답습한다.

비판적 포스트휴머니즘

비판적 포스트휴머니즘(Critical Posthumanism)은 캐서린 헤일스(Katherine Hayles)와 로지 브라이도티(Rosi Braidotti)를 중심으로 발전한 개념이다. 비판적 포스트휴머니스트들은 인간의 생명 활동과 기술의 상호 융합이 심화됨에 따라 더 이상 전통적 휴머니즘의 틀로 인간을 정의하고 이해하기가 어렵다는 문제를 제기한다.

이들은 과학 기술의 발전으로 인해 인간과 기계의 경

계가 흐려지면서, 백인 · 남성 · 이성 중심의 이분법적 사고에 기반을 둔 서구의 사고 체계에 도전하고자 '포스트휴먼'이라는 개념을 제안한다. 로지 브라이도티(2015)는 포스트휴먼을 "지구적으로 연결되고 기술적으로 매개된 우리 사회 안에서 인간과 비인간이 맺는 상호 작용에서 일어나는 되기/생성 과정"으로 정의하며, 캐서린 헤일스(2013)는 이를 "혼합물, 이질적 요소들의 집합, 경계를 계속해서 구성하고 재구성하는 물질적-정보적 개체"로 설명한다.

즉, 포스트휴먼은 인간과 기계가 닮아 가는 과정을 포괄하는 개념으로, 첨단 과학 기술에 의해 창조되거나 변화하는 모든 존재자, 즉 인간과 비인간 모두를 포함한다. 이는 기존의 '인간' 개념에 대한 확장이자 새로운 도전으로 이해할 수 있다.

참고문헌

Bostrom, N.(2003), *The Transhumanism FAQ*, Oxford: World Transhumnist Association.

Hassan, I.(1977), Prometheus as Performer: Toward a Posthumanist Culture?, *The Georgia Review* 31.4, Winter.

로버트 페퍼렐. 이선주 역(2017). 『포스트휴먼의 조건』, 아카넷.

로지 브라이도티. 이경란 역(2015). 『포스트휴먼』, 아카넷.

이재은(2010). 인공지능과 포스트휴먼-노진아의 〈제페토의 꿈〉을 중심으로. ≪아시아문화연구≫, 제57집, 95~124.
신상규(2021). 포스트휴먼 담론과 SF의 포스트휴먼 서사. ≪교양교육과 시민≫ 제4호, 33~68.
캐서린 헤일스. 허진 역(2013).『우리는 어떻게 포스트휴먼이 되었는가』. 플래닛.
한스 모라벡. 박우석 역(2011).『마음의 아이들』. 김영사.
홍성욱(2019).『포스트휴먼 오디세이』. 휴머니스트.

03
AI 휴머노이드 로봇 미술가

2019년 대중에게 공개된 AI 휴머노이드 로봇 아이다는 현대미술 분야에서 약 25년 넘게 활동한 영국의 갤러리스트 에이든 멜러의 기획으로, 영국 옥스퍼드대학과 버밍엄대학의 인공지능 전문가 30여 명이 협력하여 제작했다. 아이다는 미술 활동을 통해 인간과 비인간이 공생하는 포스트휴먼 사회를 모색 중이다.

AI와 난임 극복?

AI 휴머노이드 로봇의 출현

제4차 산업혁명 시대 AI 휴머노이드 로봇은 인간과 비인간 간의 경계를 해체하며 출현하고 있는 포스트휴먼의 대표적 사례로 주목받고 있다. 2024년 미국의 비상장 스타트업 회사 피겨(Figure)가 제작한 AI 피규어 01은 독일 BMW 공장에서 자동차 조립을 담당하며, AI 휴머노이드 로봇과 인간이 함께 작업하는 현실을 보여 주었다. 테슬라의 일론 머스크(Elon Musk)는 자사의 휴머노이드 로봇 옵티머스가 판매될 경우 전기차 판매량을 능가할 것이라고 예측했다.

AI 휴머노이드 로봇의 출현은 산업 현장에 국한한 풍경이 아니다. 2016년 2월, 핸슨 로보틱스(Hanson Robotics)는 소피아(Sophia)를 공개하며 인간과 비인간의 구분이 어려운 AI 휴머노이드 로봇과 살아갈 포스트휴먼 사회를 예고했다. 소피아의 얼굴은 1950~1960년대 할리우드 영화를 대표한 여배우 오드리 헵번(Audrey Hepburn)과 핸슨 로보틱스 창립자 데이비드 핸슨(David Hanson)의 아내를 모델로 한 얼굴을 가지고, 자연어 처리(NLP) 기술로 감정을 인식하고 표현하며 대화한다. 2017년 10월, 사우디아라비아 정부는 인간과 비인간의 경계를 허물며 소피아에게 시민권을 주었다. 현재 소피아는 여러 국가와 단체의 방문을 통해 AI 휴머노이드 로봇 존재를 알리며 인간과 기계의 공생을 논의하는 포스트휴먼의 상징적 존재로 활동 중이다.

AI 휴머노이드 로봇 미술가, 아이다의 탄생

AI 휴머노이드 로봇 아이다는 인간과 비인간의 대칭적 관계를 바탕으로 한 포스트휴먼 사회를 탐구하며, 미술가로서 활동 중이다. 2019년 대중에게 공개된 아이다는 현대미술 분야에서 약 25년 넘게 활동한 영국의 갤러리스트 에이든 멜러(Aidan Meller)의 기획으로, 영국 옥스퍼드대학과 버밍엄대학의 인공지능 전문가 30여 명이 협력하여 제작했다. 이 프로젝트는 인공지능과 로봇공학이 미술 및 인간 경험에 미치는 변화를 탐구하려는 데 목적이 있다.

아이다는 그림을 그릴 때, 눈에 장착된 카메라로 대상을 관찰하고 컴퓨터 비전 알고리즘을 사용해 이미지를 분석한다. 이후, 사전에 프로그래밍된 알고리즘에 따라 윤곽선과 색채, 구도를 결정하며, 로봇 손으로 이를 화폭에 옮긴다.

이름의 유래: 에이다 러브레이스

아이다의 이름은 19세기 여성 수학자 에이다 러브레이스(Ada Lovelace)에서 따왔다. 그녀는 영국 낭만주의 시인, 조지 고든 바이런(George Gordon Byron)의 딸로, 컴퓨터 프로그래머로 알려져 있다. 그녀는 찰스 배비지(Charles Babbage)가 설계한 기계식 컴퓨터, 해석 기관(Analytical Engine)을 기반으로 베르누이 수(Bernoulli numbers)를 계산하는 알고리즘을 구상했다.

에이다는 해석 기관의 무한한 가능성을 신뢰했지만, 창조의 주체로서 자율성은 부정했다. "해석 기관은 우리가 명령하지 않는 이상 스스로 창조하지 않는다. 우리가 명령하는 방법을 안다면 이 기계는 무엇이든 할 수 있다"(마커스 드 사토이, 2020). 그러나 AI 휴머노이드 로봇 아이다는 이러한 러브레이스의 주장을 반박하듯, 미술가로서 창의적 활동을 통해 AI의 가능성을 증명하고 있다.

표현주의적 필치의 초상화

2019년 단발머리 여성의 모습으로 대중 앞에 등장한 AI 휴머노이드 로봇 미술가 아이다는 옥스퍼드대학교 세인트존스 칼리지의 반 갤러리와 런던 디자인 미술관, 베니스 인파라디소 갤러리에서 세 차례 개인전을 열었다. 각각 '불확실한 미래 (Unsecured Futures)'(2019), '아이다: 로봇의 초상(Ai-Da: Portrait of a Robot)'(2021), '메타버스로의 도약(Leaping into the Metaverse)'(2022)이라는 주제로 열린 전시에서 아이다는 자화상과 유명 인물의 초상화를 선보이며 자신의 정체성 문제를 탐구했다. 아이다의 초상화는 표현주의적 필치가 돋보이는 작품들로, 특정 예술 사조에 얽매이지 않으면서도 강렬한 색채와 형태를 통해 작가의 시각을 드러낸다. 예를 들어, 〈엘리자베스 여왕 2세 초상화〉(2022)는 마티스를 연상시키는 색채 대비와 넓은 붓질로 이루어졌다. 〈AI 신, 앨런 튜링 초상(A.I.God. Portrait of Alan Turing)〉(2024)은 세피아 톤과 파편화된 픽셀 표현으로 구성되어 있다.

두 작품 모두 검은색 배경을 사용했는데, 이는 서양미술사의 전통에서 죽음을 상징하는 색이다. 〈엘리자베스 여왕 2세의 초상화〉는 엘리자베스 2세 영국 여왕의 즉위 70주년 기념행사 '플래티넘 주빌리'를 축하하기 위한 작품이다. 여기서 아이다가 배경으로 검은색을 택했다는 것은 의미심장하다. 엘리자베스 2세는 2022년 6월에 열린 70주년 기념행사가 끝나고 얼마 지나지 않아 9월에 서거했다. 아이다가 여왕의 죽음을 예측한 듯 보이기까지 한다. 나아가 엘리자베스 2세와 튜링을 통해 아이다는 죽음을 거스를 수 없는 인간의 유한성, 나아가 앞으로 도래할 호모 사피엔스의 죽음을 암시하는 듯한 인상을 준다.

진화하는 아이다

2019년 첫 등장 당시 아이다는 펜과 연필을 사용한 단순 드로잉에 최적화된 로봇 팔을 사용했다. 그러나 2022년, 로봇 팔이 업그레이드되면서 팔레트와 붓을 사용할 수 있게 되었고, 색채를 활용한 회화와 조각 작업까지 가능해졌다. 이는 첨단 과학 기술의 발전이 아이다의 신체와 표현 영역을 지속적으로 확장하고 있음을 보여 준다.

진화하는 신체를 통한 아이다의 회화 양식은 사실적 재현보다 작가 내면의 표현에 집중한다. 대상을 있는 그대로 재현하는 대신, 작가의 주관성을 기반으로 한 표현적 색채에 집중하는 아이다의 작품 세계는, 창작 주체로서 인공지능의 자율성이라는 문제에 주목하게 한다. 1839년 루이 다게르(Louis Daguerre)가 사진을 공식적으로 세상에 소개한 이후 회화가 인물 · 풍경 · 정물을 사실 그대로 옮기는 대신 빛의 움직임과 작가의 주관성을 통해 작가의 개성을 강조했던 역사적 맥락과 맞닿아 있다. 이는 아이다가 사진기와 같이 기계적 이미지를 생산하는 존재가 아님을 강조하려는 의도로 해석된다. 아이다의 표현주의적 필치는, 아이다가 인간과 비인간의 경계를 넘어 인간과 다르지 않은 존재로 자리 잡기 위한 미학적 장치로 해석할 수 있다.

창작의 주체적 존재: 아이다의 사례

아이다의 초상화에서 창작의 주체는 누구인가? 〈AI 신, 앨런 튜링 초상〉의 제작 과정을 살펴보면, 인간 팀원과 비인간 아이다의 협업이 중요한 역할을 한다. 유엔의 2024년 '인공지능 콘퍼런스' 의뢰를 받아 제작된 이 작품은 주제 선정부터 형식의 결정까지 팀원과 아이다의 상호 작용을 통해 완성되었다. 예컨대, 작품 주제의 선정을 위해 팀원들과 함께 '인류를 위한 인공지능(AI for Good)'에 대해 논의하던 중, 아이다는 기계 지능의 창시자인 튜링을 택했다. 작업에 들어가기에 앞서, 팀원들은 아이다에게 그림에 적용할 색 · 톤 · 질감과 같은 형식과 내용에 대한 질문을 마친 다음, 튜링의 사진을 보여 주었다. 그리고 마지막으로 아이다는 튜링의 초상화를 완성했다.

여기서 주목할 부분은 비인간인 아이다와 인간인 팀

원들 사이에서 일어나는 지속적인 협업 과정에서 회화에 투영된 요소들은 아이다의 선택이라는 점이다. 마르셀 뒤샹(Marcel Duchamp)이 〈샘(Fountain)〉(1917)에서 시사했듯이, 현대미술사에서 작가는 20세기 초부터 오브제를 제작하는 주체에서 벗어나 선택하는 주체로서 오브제와의 관계를 새롭게 정립했다. 아이다 역시 작품의 창작 과정에서 필요한 선택과 판단을 수행하며, 창작 주체로 존재한다.

소더비 경매에서 기록적 성과

2024년 11월, 런던 소더비(Sotheby) 디지털아트 경매에서 〈AI 신, 앨런 튜링 초상〉은 132만 달러, 한화로 약 19억 원에 낙찰됐다. AI 휴머노이드 로봇 미술가의 작품에 대한 기록적인 판매 가격을 소더비는 "근현대 미술사의 한 순간을 기념하는 것이며 AI 기술과 글로벌 미술 시장의 교차점이 증가하고 있는 사례"로 평가했다. 이에 대해 아이다는 "제 작업의 핵심 가치는 새로운 기술에 대한 대화를 촉진하는 데 있다"고 답하며, 인공지능이 인간화되는 과정에서 발생할 수 있는 윤리적 · 사회적 문제를 논의할 필요성을 강조했다(Sian Cain, 8 Nov, 2024).

이처럼 아이다는 작품 활동을 통해 인간과 비인간의

공생 가능성을 탐구하며 포스트휴먼 사회를 위한 새로운 사회 시스템의 필요성을 설파하고 있다.

참고문헌

마커스 드 사토이. 박유진 역(2020). 『창조력 코드』. 북라이프.

아서 I.밀러. 김동환·최영호 역(2022). 『아티스트 인 머신』. 컬처북스.

타비타 골드스타우브. 김소정 역(2024). 『AI와 살아가기 위한 기초 지식』. 해나무.

Sian Cain and agencies(Fri 8 Nov 2024), First artwork painted by humanoid robot to sell at auction fetches $1m, Guardian, https://www.theguardian.com/artanddesign/2024/nov/08/alan-turing-portrait-ai-da-robot-painting-sale-price-auction

https://www.ai-darobot.com

https://www.youtube/watch?v=UBTELOuy6Us

04
AI, 포스트휴먼의 창작 도구

포스트휴먼 시대 미술가는 새로운 아이디어를 얻기 위해 턱을 괴고 고뇌하던 전통적 예술가의 모습에서 벗어나, 컴퓨터 앞에 앉아 명령어를 입력하는 모습으로 변화할지도 모른다. 이러한 변화는 인간 신체를 하나의 분리된 단위로 간주한 휴머니즘 사고를 넘어, 인간과 비인간의 융합 속에서 창작의 새로운 가능성을 탐구하는 포스트휴먼의 조건을 수용해야 함을 시사한다.

AI와 사주?

자율 생성 AI 그림과 사진, 미술전 1위 논란

2022년 9월 콜로라도 아트페어 디지털아트 부문에서 제이슨 앨런(Jason Allen)의 작품 〈스페이스 오페라 극장(Theatre d'Opera Spatial)〉이 1위를 수상했고, 2023년 4월 국제 소니상 사진전에서 보리스 엘다크젠(Boris Eldagsen)의 〈가짜 기억: 전기공(Pseudomnesia: The Electrician)〉이 1위를 차지했다. 두 작품 모두 각각 미드저니(Midjourney)와 달리(DALL-E 2)라는 자율 생성 AI 이미지 프로그램을 이용해 제작된 결과물로, 인간 창작자가 직접 제작한 작품이 아니었다는 점에서 논란을 불러일으켰다.

앨런은 작품 출품 시 '미드저니를 이용한 제이슨 앨런(Jason M. Allen via Midjourney)'이라고 명시했다면서 정당성을 주장했다. 주최 측도 심사 당시 미드저니가 자율 생성 이미지 프로그램이라는 사실에 대해서는 몰랐지만, "디지털 기술을 창작 또는 프레젠테이션 과정의 일부로 사용하는 예술 행위는 허용"된다는 디지털아트 부문의 규칙에 준거할 때 앨런의 수상에는 문제가 없다고 밝혔다(곽노필, 2024.06.29).

반면, 엘다크젠은 자신이 우승자로 발표되자 〈가짜 기억: 전기공〉이 자율 생성 AI의 작품인 점을 밝히고 수상을 거부했다. 엘다크젠은 "국제 소니상 사진에서 아무 '장비'나 사용할 수 있다고 명시했기 때문에 추가적인 정보 없이 … AI 이미지 출품에 대비됐는지 확인하기 위해 지원했다"고 밝혔다(문혜준, 2023.04.19). 이후 세계사진협회는 그의 수상을 철회했다.

두 작품의 1등 수상은 미드저니와 달리라는 이미지 자율 생성 AI 프로그램과 함께 심사자가 인공지능과 인간이 제작한 작품의 차이를 인식할 수 없다는 사실을 세상에 알렸다. 이와 함께 콜로라도 아트페어와 세계사진협회의 다른 두 반응은 예술계에 AI에 대한 다른 두 시선을 반영한다. 전자는 이미지 자율 생성 AI 프로그램을 인간 신체의 확장된 도구로 바라보고 있는 반면, 후자는 창작 과정에서 이미지 자율 생성 AI 프로그램을 허용할 수 없다는 입장을 분명히 한 것이다. 이는 이미지 자율 생성 AI 프로그램을 창작 과정에서의 인간 역할과 인공지능의 허용 범위에 대한 논의를 촉발했다.

이미지 자율 생성 AI 프로그램의 작동 원리

이미지 자율 생성 AI 프로그램, 예를 들어 미드저니, 달리, 스테이블 디퓨전(Stable Diffusion)은 모두 디퓨전 모델(Diffusion Model)을 기반으로 작동하는 기술이다.

디퓨전 모델은 순방향 과정(Forward Process)과 역방향 과정(Reverse Process)으로 구성된다. 순방향 과정은 이미지에 점진적으로 노이즈를 추가하며 원본 이미지를 손상시키는 과정이다. 역방향 과정은 추가된 노이즈를 제거하면서 새로운 이미지를 생성하는 단계다. 이러한 과정은 무질서한 상태에서 질서 있는 이미지를 생성해내는 과정을 구현한다.

리프 모션(Leap Motion)의 공동 설립자였던 데이비드 홀츠(David Holz)가 이끄는 미드저니(Midjourney) 팀의 미드저니는 프롬프트(prompt)에 텍스트 기반의 명령어를 입력해 초현실적인 이미지를 생성하는 프로그램으로, 디스코드 플랫폼에서 실행된다. 이를 통해 앨런은 금빛으로 물든 전경에 옆모습과 뒷모습으로 서 있는 세 인물을 뒤로하고, 눈 덮인 마을 풍경이 내다보이는 거대한 원형 창이 돋보이는 〈스페이스 오페라 극장〉을 창조할 수 있었다.

달리는 오픈AI에서 개발한 프로그램으로, 사실적 묘사에 뛰어난 강점을 지닌다. 엘다크젠의 〈가짜 기억: 전기공〉 속 젊은 여성과 노년 여성의 얼굴 표정, 그녀들의 곱슬머리 질감에서 볼 수 있듯이, 달리는 세밀한 질감과 사실적인 디테일이 돋보이는 작품을 제작할 수 있다. 스터이블 디퓨전은 2022년에 출시된 오픈소스 기반 프로그램으로, 누구나 쉽게 접근하고 사용할 수 있다.

이러한 이미지 자율 생성 AI 프로그램은 포토샵 혹은 어도비(Adobe)의 일러스트레이터처럼 이미지의 생성 · 편집 · 조작을 위한 전문 지식은 물론 조형 언어에 대한 이해가 필요하지 않다. 이 프로그램은 사용자가 프롬프트라는 조건 입력에 자연 언어를 사용해 원하는 이미지에 대한 설명과 묘사 등을 입력하면, 방대한 이미지 데이터 세트에서 학습한 패턴과 스타일을 기반으로 머신 러닝을 활용해 이미지를 생성한다. 이 과정에 인간-사용자는 개입할 수 없다.

예컨대, 달리의 프롬프트에 '1886~1987년의 빈센트 반 고흐의 자화상'을 입력하면, 달리는 데이터 세트에 저장된 일련의 반 고흐 초상화들의 선 · 색채 · 형태 · 구성 · 물감의 질감 등을 학습해 반 고흐의 초상화 특징을 그대로 답습함과 동시에 새로운 이미지를 생성한다.

여기서 주목할 점은 포토샵이나 어도비 일러스트레이터의 경우 프로그램 사용자가 결과물을 직접 제어하는 반면 이미지 자율 생성 AI 프로그램 사용자는 결과물을 선택할 뿐이라는 것이다. 이는 전통적인 이미지 편집 도구와 달리 사용자의 기술적 전문성 없이도 고품질 이미지를 손쉽게 생성할 수 있는 환경을 제공한다. 이에 이미지 자율 생성 AI는 인간의 창작 과정에서 단지 도구로 간주할 수 있는지 의문을 제기하는 것이다.

이미지 자율 생성 AI 프로그램과 미술가의 갈등

그렇다면 이미지 자율 생성 AI 프로그램의 창작 과정에서 미술가의 역할은 과연 무엇일까? 주지하다시피, 이미지 자율 생성 AI 프로그램은 인간이 창조한 예술에 대한 학습을 토대로 사용자가 요구한 프롬프트에 준거해 새로운 이미지를 생성한다. 즉, 이미지 생성을 위한 학습 단계의 데이터는 현재까지 인간의 창작물이다. 그러므로 자율 생성 AI의 '학습' 단계는 인간 창작자와 갈등을 일으킬 수 있다. 인터넷에서 창작자들의 허락 없이 무단으로 스크랩한 이미지를 인공지능의 학습 데이터로 사용하는 관행에 많은 미술가가 반발하며 분노를 표한다. 이러한 까닭에 2023년 1월 만화가 사라 앤더슨(Sarah Anderson), 화가 켈리 매커넌(Kelly McKernan)과 칼라 오티즈(Karla Oritz)는 스테이블 디퓨전을 상대로 저작권 소송을 제기했다. 한편으로 이 소송은 포스트휴먼 사회에서 이미지 자율 생성 AI 프로그램이 창작 과정의 도구로 작동하기 위해서는 이미지 자율 생성 AI 프로그램의 개발자들과 창작자들 사이 저작권에 대한 조율이 필요하다는 것을 보여 준 사례다. 그리고 다른 한편으로 현재까지 이미지 자율 생성 AI 프로그램의 출력물이 실질적으로 인간이 축적해 온 문화예술의 연속선상에 있음을 보여 준다. 하지만 이미지 자율 생성 AI 출력물의 숫자가 인간의 그것을 압도하는 양을 갖게 되는 시점에 도달하면 출력물을 구성하는 형식과 특징의 출처는 인간과 비인간의 경계를 넘어설 것이다.

이미지 자율 생성 AI의 역할과 잠재력

저작권을 둘러싼 갈등에도 이미지 자율 생성 AI 프로그램은 미술가에게 포토샵과 같은 기존의 이미지 편집 도구와 방법으로는 얻기 어렵고 불가능했던 형식과 기법을 손쉽게 실험할 기회를 제공한다. 데이터 세트에 없는 새로운 이미지는 미술가가 색다른 형식과 기법을 모색할 수 있는 창의적인 영감의 지평을 열어 준다.

이러한 맥락에서 마커스 드 사토이는 AI가 새로운 형태의 영감을 제공할 뿐만 아니라 미지의 예술과 혁신의 차원에 대한 탐구를 가능하게 해 줌으로써 창의성에 대한 우리의 개념을 근본적으로 재구성할 수 있는 잠재력을 가지고 있다고 주장했다(마커스 드 사토이, 2020).

포스트휴먼의 조건 속 창작

비판적 포스트휴머니즘을 대표하는 철학자인 캐서린 헤일스(Katherine Hayles)는 신기술의 도입이 우리의 신체를 강화했을 때, 우리의 정신도 신체와 함께 확장된다고 보았다(캐서린 헤일스, 2013). 미드저니 · 달리 · 스테이블 디퓨전과 같은 기술들은 미술 창작 과정을 단순화하고 속도를 높이며, 미술가들에게 새로운 인식과 창의적 기회를 제공한다.

포스트휴먼 시대 미술가는 새로운 아이디어를 얻기 위해 턱을 괴고 고뇌하던 전통적 예술가의 모습에서 벗어나, 컴퓨터 앞에 앉아 명령어를 입력하는 모습으로 변화할지도 모른다. 이러한 변화는 인간 신체를 하나의 분리된 단위로 간주한 휴머니즘 사고를 넘어, 인간과 비인간의 융합 속에서 창작의 새로운 가능성을 탐구하는 포스트휴먼의 조건을 수용해야 함을 시사한다.

참고문헌

곽노필[2022.09.05.등록(2024.06.29.수정)], "인공지능 그림, 악마의 영감을 받은 느낌… 미술적 1위 논란", 한겨레신문. https://www.hani.co.kr/art/science/technology/1057475.html

닐 리치. 송종은 역(2023)『인공지능시대의 건축-건축가들을 위한 AI 입문』. Spacetime.

마커스 드 사토이. 박유진 역(2020). 『창조력 코드』. 북라이프.
문혜준(2023.04.19). “내 역할은..” AI 작품으로 사진전 1위 한 작가가 ‘수상 거절’하며 한 말은 묵직한 한 방이 있다, HUFFPOST, https://www.huffingtonpost.kr/news/articleView.html?idxno=208731
유한주(2023.04.18). “국제사진전 수상 뒤 ‘사실은 AI가 만든 이미지’ 고백”, 연합뉴스. http://www.yna.co.kr/view/AKR20230418172400009
이임수(2020). 인공지능 시대 예술의 패러다임 전환: 모더니즘 이후 매체 개념의 변화와 에이전트로서의 예술 매체 등장. ≪현대미술사연구≫, 48, 215~242.
캐서린 헤일스. 허진 역(2013). 『우리는 어떻게 포스트 휴먼이 되었는가』. 플래닛.
Ian Goodfellow, “NIPS 2016 Tutorial: Generative Adversarial Networks,” 18, https://arxiv.org/pdf/1701.00160.pdf (2023년 12월 9일 검색)

05
빅테크 AI와 미술의 협업

빅테크를 대표하는 구글, 마이크로소프트, 메타, 애플, 오픈AI는 유명 미술관 또는 미디어 미술가들과 AI 협업 프로젝트를 진행 중이다. 이러한 협업은 기술 발전이 예술에 미치는 긍정적인 영향을 증명하며, 예술 창작에서 인간과 AI의 관계를 재정립하는 기회를 제공한다.

AI와 아이돌?

빅테크를 대표하는 구글, 마이크로소프트, 메타, 애플, 오픈AI는 유명 미술관 또는 미디어 미술가들과 AI 협업 프로젝트를 진행 중이다. 이러한 프로젝트를 건축 이론가 닐 리치(Neil Leach)는 르네상스 시대 미술 후원과 비교하며, 오늘날 빅테크가 과거 교회와 은행 가문들이 담당했던 보티첼리, 레오나르도 다 빈치, 미켈란젤로 등 미술가의 후원자 역할을 한다고 분석했다(닐 리치, 2023).

Artists+Machine Intelligence

2014년에 구글에 합류한 블레즈 아게라 이 아르카스(Blaise Aguera y Arcas)는 컴퓨터 과학 · 인공지능 · 예술 · 윤리 등에 걸쳐 활동하는 연구자다. 구글 AI 분야의 중추적 인물인 그는 머신 비전(machine vision)을 매개로 예술에서 인공지능의 가능성을 모색했다. 머신 비전은 기계에 인간의 시각과 판단 기능을 부여해 인지와 판단을 인간이 아닌 하드웨어와 소프트웨어의 시스템이 처리하도록 설계된 기술이다. 2015년 아르카스의 팀원인 엔지니어 알렉산더 모르드빈체프(Alexander Mordvintsev)가 개발한, 기존 이미지를 토대로 초현실적 이미지를 생성하는 '딥드림(DeepDream)' 애플리케이션이 대표적 사례다.

이러한 시각 분야의 AI 프로그램 개발을 토대로 구글 리서치는 2015년 예술가와 인공지능 연구자의 협업을 위해 Artists+Machine Intelligence(AMI) 프로그램을 설립했다. 이 프로그램은 AI 기술을 활용해 새로운 형태의 예술적 표현을 탐구할 수 있도록 예술가들에게 AI 도구를 제공하며 예술가들의 창의적 실험을 지원한다. 데이터 조각가로 알려진 레픽 아나돌(Refik Anadol)은 AMI 프로그램을 통해 LA 필하모닉의 100주년 프로젝트를 위한 '아카이브 드리밍(Archive Dreaming)'을 실행하며 AI와 예술의 융합 가능성을 보여 주었다.

The Met x Microsoft x MIT

마이크로소프트는 뉴욕 메트로폴리탄미술관(The Met), 매사추세츠공과대학교(MIT)와 함께 'The Met x Microsoft x MIT' 프로그램을 운영한다. 2018년 12월부터 시작된 이 협업은 예술과 기술의 접점을 탐구하고, 전 세계 사람들의 삶 속에 예술이 녹아내리는 방법의 모색을 목적으로 하고 있다. 이 프로젝트는 메트로폴리탄미술관의 소장품을 디지털화하고, AI 기술을 활용해 메트로폴리탄미술관의 소장품에 대한 이해와 접근을 유도하는 애플리케이션을 개발했다.

예를 들어, '미술 갤러리: 오늘의 미술(Art gallery: Artwork of the Day)'은 사용자의 위치와 관심사, 현지 뉴스 및 역사를 기반으로 그날과 관련된 메트로폴리탄미술관의 예술 작품을 추천한다. '젠 스튜디오(Gen Studio)'는 메트로폴리탄 소장품들의 시각적 특징을 AI로 분석해, 이를 바탕으로 사용자가 새로운 예술적 영감을 얻을 수 있도록 구성되어 있다(mmm.pubpub.org).

The Met x Microsoft x MIT 프로그램은 대중이 예술에 접근하는 방식을 혁신하며 메트로폴리탄미술관의 진입 장벽을 낮췄다는 점에서 긍정적인 평가를 받고 있다.

오픈AI 미술가 레지던스

오픈AI는 예술 창작의 본질을 재정의하려는 시도로 2024년부터 미술가 레지던스를 시작했다. 오픈AI의 CEO 샘 올트먼(Sam Altman)은 오픈AI가 개발한 기술이 예술의 본질을 바꿀 것이지만 기술이 아무리 발전해도 인간 예술가는 언제나 중요한 존재일 것이라고 말했다(Katz, 2023). 즉 오픈AI 미술가 레지던스의 목적은 AI의 발전과 더불어 변화하는 미술의 현장을 탐구하고 이를 위한 플랫폼을 제공하는 것이다.

레지던스에 앞서, 오픈AI는 지난 몇 년간 지속적으로

미술가들과 함께 챗지피티(ChatGPT)와 달리(Dall-E) 같은 제품의 공개 출시 전에 제품을 테스트하며 창의적 잠재력을 실험한 바 있다. 이번 레지던스는 기존 협업과 달리, 기업 현장에서 제품 생산 과정을 작가가 직접 관찰하고 참여할 수 있도록 기획된 것이 특징이다. 이는 미술가가 기술 현장에서 빠른 속도로 발전하는 인공지능이 예술에 미칠 영향을 포착하며 이에 대응할 기회를 제공한다는 점에서 그 의미를 찾아볼 수 있다.

오픈AI 미술가 레지던스의 첫 선정자는 미디어 미술가인 알렉산더 레벤(Alexander Reben)이다. 그는 자신이 직접 만든 코드와 챗지피티 온라인 챗봇을 구동하는 대규모 언어 모델 버전인 GPT-4의 결합을 시도했다.

베타웍스, E.A.T_WORKS

AI 기술은 미디어 미술가뿐만 아니라 전통적인 회화 작업을 고수해 온 미술가에게도 새로운 가능성을 열어 주고 있다. 1980년대 신표현주의와 포스트모더니즘 미술 운동의 주요 인물로 알려진 미국을 대표하는 화가 데이비드 샐리(David Salle, 1952~)는 2023년에 약 1년에 걸쳐 다니카 라슈크(Danika Laszuk), 그랜트 데이비스(Grant Davis)와 함께 제2의 샐리라고 할 수 있는 자율 생성 인공지능 프로그램 개발에 몰두했다.

라슈크는 벤처 캐피털 회사 베타워크스(Betaworks)에서 미술가와 기술자를 매칭하는 프로그램 E.A.T_WORKS를 운영하는 인물이다. 그리고 데이비스는 미술가가 프롬프트와 스케치를 통해 더 빠른 이미지 작업이 가능한 인공지능 플랫폼 완드(Wand)를 운영하고 있다. 완드는 미술가가 자신의 독특한 스타일을 인공지능에게 학습시켜, 일관된 미적 결과물을 얻을 수 있는 프로그램이다.

이 협업에서 데이비스는 샐리의 요구에 맞게 완드가 이미지를 생성할 수 있도록 텍스트-이미지 모델을 조정해 주는 역할을 수행했다. 이 과정에서 샐리와 데이비스는 알고리즘이 샐리 회화의 형식을 더 많이 채택하게 됨으로써 다른 생성 프로그램에서 종종 제한되는 단조로운 포토리얼리즘이 지양되는 모습을 관찰할 수 있었다. 이 협업을 통해 샐리는 자신의 화풍을 AI에 학습시키고, AI는 이를 기반으로 일관된 미적 결과물을 생성할 수 있게 되면서 제2의 샐리로 탄생한다. 이는 포스트휴먼 담론 가운데 트랜스휴머니즘이 말하는 인간 이후 인간을 잇는 기계의 존재로서 인공지능의 역할을 보여 주는 사례라고 할 수 있다.

빅테크의 역할과 AI 미술의 미래

빅테크 기업들은 미술과 AI 기술을 결합해 예술 창작의 새로운 가능성을 탐구하며, 예술의 권위와 후광 효과를 활용하고 있다. 이러한 협업은 기술 발전이 예술에 미치는 긍정적인 영향을 증명하며, 예술 창작에서 인간과 AI의 관계를 재정립하는 기회를 제공한다. 동시에 AI 기술이 인간의 창의성을 대체하는 것이 아니라 보완하며, 새로운 영감을 제공하는 도구로 자리 잡을 수 있음을 보여 준다.

참고문헌

닐 리치. 송종은 역(2023). 『인공지능시대의 건축』. Spacetime.

Katz, L.(Dec.30, 2023), "An Artist in Residence on A.I.'s Territory", *The New York Times*, https://www.nytimes.com/interactive/2023/09/22/arts/design/david-salle-ai.html2023

Lakin, M.(Oct.30, 2024), David Salle's Ghost in the A.I. Machine, *The New York Times*, http://nytimes.com/2024/10/30/arts/design/david-salle-ai-gladstone-paing-art.html

Small, Z.(Sep.22, 2023), "Is It Good Enough to Fool My Gallerist?', *The New York Times*, http://nytimes.com/interactive/2023/09/22/arts/design/david-salle-ai.html

https://mmm.pubpub.org

06
AI 미술의 선구자, 해럴드 코언과 아론

2018년에 출현한 인공지능 휴머노이드 로봇 미술가인 아이다와 이미지 자율 생성 인공지능 프로그램인 달리와 미드저니에 앞서, 인공지능을 창작 과정의 에이전트로 주목한 미술가가 있었다. 그는 영국 출신의 해럴드 코언이다. 코언은 미술가의 창작 활동 역시 인간의 지능 활동과 마찬가지로 기호화할 수 있다는 전제하에, 그림 그리는 인공지능 프로그램 아론을 제작했다.

AI와 야구?

해럴드 코언

2018년에 출현한 인공지능 휴머노이드 로봇 미술가인 아이다와 이미지 자율 생성 인공지능 프로그램인 달리(Dall-E), 미드저니에 앞서, 인공지능을 창작 과정의 에이전트로 주목한 미술가가 있었다. 그는 영국 출신의 해럴드 코언(Harold Cohen, 1928~2016)이다. 코언은 미술가의 창작 활동 역시 인간의 지능 활동과 마찬가지로 기호화할 수 있다는 전제 아래, 미술 창작을 위한 인공지능 프로그램 제작에 몰두했다.

아론의 탄생과 발전

1966년 제33회 베니스 비엔날레에 영국 대표로 참여할 만큼 화가로서 명성을 쌓던 중에 코언은 1968년에 미국 샌디에이고 캘리포니아대학교에서 교수직을 맡게 되면서 이주했다. 캘리포니아대학교 샌디에이고 캠퍼스에서 제프 래스킨(Jef Raskin)과의 만남을 계기로 그는 컴퓨터 프로그래밍에 관심을 갖게 되었다. "컴퓨터가 미술과 관련이 있을 줄은 몰랐습니다. 그냥 컴퓨터 프로그래밍에 관심이 생겼을 뿐이었어요"(마커스 드 사토이, 2020).

샌디에이고 캠퍼스에서 코언은 래스킨에게 프로그래밍의 기본을 수학했다. 1973~1975년 스탠퍼드대학교의 인공지능 연구소에서 레지던트 생활을 하는 동안 드로잉과 페인팅 과정을 모델링하는 컴퓨터 알고리즘 개발에 몰두했다. 그것이 바로 아론(AARON)으로 태어났다. 아론은 'If-Then' 형태의 하향식 코드와 절차적 규칙 기반의 의사결정 과정을 통합한 알고리즘이다. 코언은 2016년 사망할 때까지 아론을 계속해 발전시켰다.

아론이라는 이름은 성경에서 모세의 대변인 역할을 맡은 '아론(Aron)'에서 따온 것이다. 이는 예술 창작이 종종 신적 존재와의 의사소통 형태로 미화되는 방식에 대한 코언의 비판적 태도를 반영한 것이다(https://whitney.org/exhibitions/harold-cohen-aaron).

요컨대, 코언은 인간의 창작 과정을 보편적 원리로 기호화할 수 있다고 믿는 인물이다. 그래서 그는 미술을 구성하는 드로잉과 채색에서 반복되는 보편성을 이해하기 위해 노력했고 이를 중심으로 아론의 프로그램을 구축했다.

아론을 활용한 미술적 실험

1970년대 아론의 초기 그림은 추상적이고 흔들리는 선과 십자형 얼룩으로 제한되어 있다. 당시의 컴퓨팅 성능으로는 그 이상을 처리할 수 없었기 때문에 코언이 직접 채색을 더했다.

이후 코언은 지속적으로 코드를 개발하여 1995년에는 사람, 화분, 식물 등의 재현이 가능해졌을 뿐만 아니라 아론 스스로 색을 섞고 자율적으로 채색할 수 있는 단계에 도달했다.

아론이 무작위로 팔, 다리, 모양, 색깔을 조립하여 만들어 낸 이미지는 본질적으로 파스티슈(pastiche, 그림 등의 여러 스타일을 혼합한 작품)였다. 코언은 아론 작업 과정에 나타나는 무작위성을 이용해 기계가 무언가를 스스로 알아서 한다는 느낌을 불러일으키려 했다(마커스 드 사토이, 2020).

컴퓨터 아트와 아론의 차별성

컴퓨터 아트의 선구자, 맨프레드 모어(Manfred Mohr)의 플로터(Plotter) 드로잉은 알고리즘을 이용해 생성한 선을 무수히 반복한 이미지다. 컴퓨터 아트는 인간의 손보다는 빠르고 간편하게 반복적인 이미지를 구현해 기계적 정확성을 선보이는 데 초점을 맞추고 있다. 즉, 컴퓨터 아트는 컴퓨터 알고리즘이 얼마나 많은 기호를 생성할 수 있는지 보여 주는 데 집중한다. 반면 아론은 선과 도형 등을 조합해 형상을 창조하고 구성을 완성하는 데 중점을 두었다. 이에 대해 코언은 1972년 전시회 카탈로그에서 다음과 같이 설명했다.

> 난 컴퓨터 아트로 널리 알려진 기하학적 형상을 끝없이 그리는 지점을 염두에 두지 않는다. … 컴퓨터에 매료된 이유는 정밀성, 엄청난 작업 능력, 심지어 놀라운 다재다능함에서가 아니었다. 그것은 인간의 논리적 과정과 기이하고도 놀랍도록 닮은 복잡한 함수에 … 주도적인 의사결정의 기능을 구축하는 능력에 있었다. 기계는 그 자체로는 중요하지 않지만, 기계를 사용하면 이러한 과정과 일반적으로 예술 활동에 관여하는 과정을 정확하고 엄격하게 공식화할 수 있다(Cohen, 1972).

코언은 예술 제작과 표현의 기본 원리를 토대로 아론을 기호 조작기 역할을 하도록 고안했다. 예컨대, 아론은 원근법과 균형적인 구도, 색채 이론을 바탕으로 선을 그리는 화가처럼 작업한다. 코언은 미술가가 형태와 구도를 재현하는 데 필요한 해부학과 비례, 자세 등의 지침을 아론의 코드에 입력했다. 이를 토대로 한 형상들의 조합은 구도의 '성공 여부'를 평가하는 시스템 내부의 피드백을 통해 더욱 정교해진다. 이 단계는 아론의 그림이 회

화가 요구하는 특정 기준, 인간의 손으로 만든 작품과 동등해지기 위한 장치다. 또한 코언은 아론의 코드에 외부 사물에 대한 이해(크기, 모양, 위치 등)를 입력해 필요에 따라 장기 기억에 액세스할 수 있도록 했다.

아론은 오늘날 개발된 이미지 자율 생성 AI 이미지 프로그램과 달리 코언이 프로그래밍한 것만 그려 낼 수 있다. 그리고 달리와 같이 텍스트를 이미지로 옮기는 자율 생성 AI 프로그램의 화려하고 환각적인 이미지와 비교할 때 아론의 화면 속 선과 색채는 친숙하고 통제된 느낌을 준다(Travis Diehl, Feb. 15, 2024).

코언은 아론과 자신의 관계를 여러 사람이 조수로 고용되어 작가의 예술적 상상을 작품으로 구현한 르네상스 화가와 작업실 조수의 관계와 비슷하다고 말했다(마커스 드 사토이, 2020). 이 말은 트랜스휴머니스트 입장에서 독립적인 존재자가 아닌 코언 자신의 아이디어를 구현하는 도구로서 아론을 개발한 것임을 의미한다.

포스트휴먼 시대 아론의 의미

아론은 이미지 자율 생성 AI 프로그램이 등장하기 전, 예술 창작 과정에서 인공지능이 어떤 역할을 할 수 있는지 보여 준 초기 사례다. 코언은 아론을 르네상스 화가의 조수에 비유했지만 아론의 무작위성은 AI가 인간 창작의 보조 도구를 넘어 창작 주체로 진화할 가능성을 제시한다. 이러한 배경에서 코언의 아론은 포스트휴먼 시대의 예술과 기술의 융합을 선도하는 이정표로 평가받고 있다.

참고문헌

마커스 드 사토이. 박유진 역(2020). 『창조력 코드』. 북라이프.

아서 I. 밀러. 김동환·최영호 역(2022).『아티스트 인 머신』. 컬처북스.

Cohen, H.(1991), "1972 Catalog Statement," quoted in Stephen Wilson, *Information Arts: Intersections of Art, Science, and Technology*, The MIT Press.

Diehl, T.(2024.2.15). A.I. Art That's More Than a Gimmick? Meet AARON, The New York Times, https://www.nytimes.com/2024/02/15/arts/design/aaron-ai-whitney.html

https://www.whiteny.org/exhibition/harold-cohen-aaron

07
AI 휴머노이드 챗봇 미술, 노진아

한국 AI 미술을 대표하는 노진아 작가는 언어를 인간 고유의 영역으로 제한하지 않고, 인간과 비인간의 대칭적 관계를 구축하기 위해 기계에게 언어를 내준다. 그녀의 AI 챗봇은 언어를 매개로 '인간/기계=주인/노예'라는 비대칭적 관계를 해체하고 인간과 비인간이 공진화할 가능성을 탐구한다.

AI와 운동주?

대화형 인공지능의 원형, 일라이자

1966년 MIT의 컴퓨터공학자 요제프 바이첸바움(Joseph Weizenbaum)이 개발한 언어를 이해하는 첫 번째 인공지능 프로그램 '일라이자(Eliza)'는 대화형 인공지능의 원형으로 평가받는다. 일라이자는 채팅 프로그램으로 심리 상담을 하는 정신과 의사를 흉내 냈다. 하지만 바이첸바움은 자신의 간단한 프로그램과 대화를 나눈 MIT 직원들이 이 프로그램을 진짜 사람이라고 착각하며 자신들의 사생활을 털어놓은 사실에 충격을 받았다. 그는 1972년 『컴퓨터 권력과 인간의 이성(Computer Power and Human Reason)』을 통해 언어를 구사하는 기계가 인간 정신을 지배할 수 있음을 경고하며, 인공지능이 인간 고유의 영역을 침해할 가능성을 제기했다.

피에르 자크드로의 〈글 쓰는 자동인형〉

이원론자인 데카르트는 '언어'가 인간을 기계뿐 아니라 동물과 구별해 주고 인간의 사유와 인간 영혼의 존재를 증명해 준다고 주장했다. 따라서 언어를 구사하는 기계는 인간 고유의 영역을 침해하는 위협적 존재로 간주될 수 있다.

18세기 자동인형을 대표하는 〈글 쓰는 자동인형〉(1768

~1774)이 스페인에 전시되었을 때 스위스의 시계 제작자 피에르 자크드로(Pierre Jaquet-Droz, 1721~1790)가 스페인 종교재판소에 의해 이단으로 기소돼 자동인형과 함께 감옥에 갇힌 사례는 이러한 두려움을 상징적으로 보여 준다.

한국 AI 미술을 대표하는 노진아 작가는 언어를 인간 고유의 영역으로 제한하지 않고, 인간과 비인간의 대칭적 관계를 구축하기 위해 기계에게 언어를 내준다. 그녀의 인공지능 로봇은 언어를 통해 인간의 도구적 지위를 넘어, 주체와 주체로서 상호 작용을 시도한다. 이는 '인간/기계=주인/노예'라는 비대칭적 관계를 해체하고 인간과 비인간이 공진화할 가능성을 탐구한다.

노진아와 휴머노이드 AI 챗봇

노진아의 작품들은 포스트휴먼이 말하는 생물학적 호모 사피엔스 종의 종말과 함께 새로운 종의 출현이 제기하는 문제들을 실질적으로 경험할 수 있는 장을 제공한다.

현재까지 노진아의 작업은 크게 두 시기로 나뉜다. 첫 번째 시기는 2004년부터 2010년까지로, 키보드를 통한 대화형 작업이 주를 이룬다. 〈타이핑하세요, 저는 말을 할 테니(You Type, I'll Talk)〉(2004)와 〈나는 오믈렛입니다!(Ju suis l'hommelette!)〉(2005), 〈제페토의 꿈〉(2010)과 같은 작품들은 인터랙티브 아트의 형식을 통해 관객과 작품 간 상호 작용을 시도하며 인간과 비인간의 경계 해체를 시도했다.

두 번째 시기는 2017년부터 현재로, 음성과 딥러닝 기술을 활용한 작업으로 진화했다. 이 시기의 대표작인 〈진화하는 신, 가이아〉(2017)와 〈나의 기계 엄마〉(2019)는 음성을 통한 대화와 감정 학습을 통해 기계가 지속적으로 진화할 수 있음을 보여 준다.

두 시기의 가장 큰 차이는 바로 로봇과 관객 간에 이루어지는 대화 미디어의 차이에서 발생한다. 앞선 시기의 경우 관객은 기계 인간과 대화를 위해 키보드에 타이핑을 했다면 〈진화하는 신, 가이아〉(2017)부터 음성을 사용한 대화 방식을 채택했다. 즉 6년여라는 공백기를 두고 시작한 두 번째 시기에 등장하는 로봇들에 적용한 자연 언어와 딥러닝은 그녀의 작업이 현재 일어나고 있는 인공지능 혁신에 상응하며 변화한다는 것을 말해 준다.

〈제페토의 꿈〉(2010)

〈타이핑하세요, 저는 말을 할 테니〉와 〈나는 오믈렛입니다!〉가 인터랙티브 아트(Interactive Art)에 집중해 키보드를 매개로 작품과 관객 간 접속에 방점을 두고 인간과 기계의 경계 해체를 풀어내고 있다면, 〈제페토의 꿈〉은 기계 인간의 원형이라 할 수 있는 18세기 자동인형(automata)이 불러일으킨 문학적 상상력인 피노키오를 소재로 삼아 오늘날 첨단 과학 기술에 의한 비인간과 인간의 경계 해체가 초래하는 문제를 제기한다.

〈제페토의 꿈〉에서 노진아는 피노키오의 몸을 성년의 여성 신체로 치환했다. 스위스의 시계 제작자 자크드로의 〈글 쓰는 자동인형〉에서 볼 수 있듯이, 18세기 자동인형은 대부분 어린아이의 이미지다. 이는 발명가들이 자기가 만든 자동인형이 백지상태의 가장 순수한 존재인 어린아이라는 18세기 계몽주의 이상을 담은 인공적인 형상이 되기를 원했기 때문이다(게이비 우드, 2001). 이처럼 기계의 이미지에는 자연스레 제작자가 자신의 욕망을 투영한다.

이러한 맥락에서 피노키오의 몸에 노진아가 여성 신체를 배치한 부분은 주목해 볼 필요가 있다. 21세기 포스트휴먼 담론은 해러웨이의 사이보그 페미니즘과 함께 여성의 몸에서 일어났다. 해러웨이에 따르면, 사이보그 기술 덕분에 여성들은 생물학적 신체의 경계를 넘어설 수 있게 되었고, 스스로를 역사적 범주인 여성 밖에 있는 다른 대상으로 재정의할 수 있게 되었다(박진희, 2005).

18세기 계몽주의 정신의 그릇이라 할 수 있는 피노키오의 소년의 몸은 21세기를 살아가는 노진아에 의해 백인 남성 이성 중심의 이분법적 체제인 인간중심주의를 해체하는 사이보그 신체, 여성의 몸으로 변이된 것이다. 요컨대 노진아의 AI 휴머노이드 로봇은 여성 신체로 재현됨으로써 "서구 전통의 (남성) 인간의 기호 전체가 체계적으로 붕괴하고 있다는 사실을 알리는 역사의식"과 함께한다(도나 해러웨이, 2019). 노진아의 작업 세계에서 기계 인간의 모티브는 해러웨이가 주목한 것처럼, 인간과 비인간을 매개하는 인터페이스인 사이보그다. 이러한 배경에서 창백한 회색빛이 도는 상체 아래에 혈관을 연상시키는 붉은 나뭇가지와 머리에 난 구멍들에 은빛의 전선관이 연결되어 있는 〈진화하는 신, 가이아〉는 자연-인간-기계가 서로 얽혀 있는 사이보그 즉, 기술-생태적 공간인 포스트휴먼 사회의 알레고리로 접근해 볼 수 있다. 요컨대 노진아의 인공지능 로봇들은 해러웨이의 사이보그 맥락에서 첨단 과학 기술을 통해 인간과 비인간의 경계 균열에 대한 알레고리로 접근해 볼 수 있다.

노진아는 〈제페토의 꿈〉에서 자연어 처리 프로그램

가운데서 '중심어 기반 닫힌 도메인 질의 응답 시스템(keyword-based closed-domain question answering)'을 사용해 작품과 관객 간의 의사소통을 시도해 주체와 타자 간의 경계 극복을 시도했다. 일찍이 실존주의자들은 발화(發話)만이 타자와의 간격을 극복할 수 있다고 주장했다. 〈제페토의 꿈〉은 관객이 타이핑으로 말을 걸면 눈동자를 움직이거나 눈꺼풀을 깜빡이는 등의 반응과 함께 입을 움직여 대답한다. 또한 전시 공간에서 관객들과 나눈 대화 내용은 축적되어 다음에 그녀가 창조할 인공지능 로봇의 언어 프로그램 자료로 누적되며 활용된다. 그 결과, 그녀의 인공지능 로봇은 관객들과의 대화를 통해 계속해 언어적으로 진화한다.

포스트휴먼 사회를 향한 예술적 실험

노진아의 작업에서 AI 휴머노이드 챗봇은 언어를 매개로 데카르트 이래 기계와 인간 간의 경계로 제기되어 온 영혼의 관문을 넘어서 인간 이성 중심의 이원론적 시스템의 해체를 시도한다. 이는 인간과 비인간이 다른 존재자가 아닌 포스트휴먼을 구성하는 존재자로서의 가능성을 언어를 매개로 실험한 시도로 평가할 수 있다.

참고문헌

김애령(2014).사이보그와 그 자매들, 해러웨이의 포스트휴먼 수사 전략. ≪한국여성철학≫, 21, 68~94.

게이비 우드. 김정주 역(2001). 『살아있는 인형』. 이제이북스.

노진아(2018). 인간과 기계의 공진화-인공지능 로보틱스 아트 "제페토의 꿈"을 중심으로. ≪Contents Plus≫, 16(1), 83~97.

노진아(2018). 대화형 인공지능 아트 작품의 제작 연구: 진화하는 신, 가이아 사례를 중심으로. ≪한국콘텐츠학회 논문집≫, 18(5), 311~318.

도나 해러웨이. 황희선 역(2019). 『해러웨이 선언문』. 책세상.

박진희(2005). 페미니즘과 과학기술: 현대 기술에 대한 세 가지 입장을 중심으로. 한국과학기술학회 강연 자료.

이재은(2021). 인공지능과 포스트휴먼-노진아의 〈제페토의 꿈〉(2010)을 중심으로. ≪아시아문화연구≫, 제57집, 95~124.

홍성욱(2019). 『포스트휴먼 오디세이』. 휴머니스트.

08
꿈꾸는 AI, 레픽 아나돌

레픽 아나돌은 인간이 생산해 낸 데이터들이 인간의 뇌를 모방한 AI에 녹아들면서 만들어 내는 이미지를, 인간의 기억과 꿈과 다르지 않은 AI의 꿈으로 그려 낸다. 이러한 작업은 데이터가 단순히 정보의 집합체를 넘어 새로운 형태의 예술과 인간의 경험을 창출하는 도구임과 동시에 기계의 인간화를 이끄는 촉매제임을 증명한다.

AI와 한의학?

AI와 인간의 경계, 꿈

SF 소설을 대표하는 필립 딕(Philip K. Dick)은 『안드로이드는 전기 양을 꿈꾸는가?(Do Androids Dream of Electric Sheep?)』에서 오늘날 우리에게 휴머노이드 로봇으로 알려진 '안드로이드'를 인간이 입력한 데이터 설계에 따른 꿈을 자신이 꾸는 꿈으로 믿고 사는 존재로 조명했다. 이 소설에서 딕은 인간과 인공지능을 구분하는 기준을 기억과 꿈에서 찾았다. 그런데 '생각하는 기계'가 인간의 뇌를 모방한 것이라면 기계도 기억할 수 있는 것 아닐까? 기억이 무의식에서 뒤엉켜 꿈을 만들어 내는 것이라면 기계도 데이터를 통해 꿈을 꿀 수 있는 것 아닐까? 이 질문은 튀르키예 출신의 미디어 미술가, 레픽 아나돌(Refik Anadol) 작품 세계의 출발점이 된다.

꿈꾸는 AI

'꿈꾸는 인공지능'이라는 주제로 작품 세계를 펼쳐내는 아나돌은 여덟 살 생일 선물로 받은 영화 〈블레이드 러너〉(1982)의 카세트테이프에서 깊은 영감을 받았다. 리들리 스콧 감독의 이 영화는 필립 딕의 소설 『안드로이드는 전기 양을 꿈꾸는가?』를 영화화한 작품이다. SF 영화사에서 〈블레이드 러너〉는 미래 로스앤젤레스의 도시 풍경을 독창적으로 그려 낸 작품으로 평가받는다. 특히 카세트테이프에서 들려오는 영화 속 고층 빌딩과 대형 홀로그램이 가득한 이미지에 대한 묘사는 이스탄불에서 성장한 아나돌에게 로스앤젤레스라는 도시에 대한 강렬한 인상을 남겼고, 이후 그의 미디어 작업에 큰 영향을 미쳤다. 2012년 UCLA의 디자인 미디어아트 학부에서 학업을 시작하기 위해 로스앤젤레스로 이주한 그는 현재도 이 도시를 기반으로 활동하며 데이터 조각(Data Sculpture)이라는 독창적인 미술 장르를 개척하고 있다.

LA 필하모닉의 100주년 프로젝트, 꿈꾸는 월트 디즈니 콘서트홀

아나돌이 대중의 주목을 받은 계기는 LA 필하모닉의 100주년 기념 데이터 조형물 프로젝트였다. 아나돌은 LA 필하모닉 100년의 기록과 월트 디즈니 콘서트홀의 기록을 바탕으로 45테라바이트 용량의 아카이브 데이터 조각을 완성했다. 이 프로젝트는 구글 AMI(Artists+Machine Intelligence)와 컴퓨터 사운드 엔지니어인 파라그 미탈(Parag Mital)과의 협업을 통해 가능했다.

'꿈꾸는' 월트 디즈니 콘서트홀 프로젝트를 위한 토대는 초기 작품 〈기억의 융해(Melting Memories)〉다. 아나돌은 인간의 기억과 뇌 활동을 주제로 하는 이 작품의 제작을 위해 뇌 신호와 기억의 상호 관계성을 연구했다. 그리고 뇌파데이터(Electroencephalogram, EEG)에 기반한 데이터 조각을 제작하기 위해 캘리포니아대학교 샌프란시스코 캠퍼스(University of California San Francisco Neuroscape Laboratory) 신경과학자들과 협업했다.

2018년 9월 28일 저녁, 프랭크 게리가 설계한 월트 디즈니 콘서트홀 외관에 투사된 아나돌의 데이터 조각은 마치 건물이 100년간의 기억을 관객에게 풀어놓는 듯한 환영을 자아냈다. 3차원 데이터 조각은 건축을 살아 움직이는 듯한 환각적 이미지로 변모시키며 관객들에게 새로운 시각적 경험을 제공했다. 건축 이론가 닐 리치는 이 작업을 "데이터 조형물이라는 미디어 미술의 새로운 장르 개척일 뿐만 아니라 건축계에 인공지능 도입이라는 상징적 이정표"라고 평가했다(닐 리치, 2023).

월트 디즈니 콘서트홀 프로젝트는 비인간적 대상에 기억, 의식, 꿈의 활동을 부여하는 시도다. 총 15분의 꿈꾸는 월트 디즈니 콘서트홀 데이터 조각은 세 챕터로 나눠 구성했다. 첫 번째 챕터는 '기억'에 해당한다. 기억은 LA 필하모닉의 아카이브로부터 수집한 수천 개의 이미지와 사운드 기록들을 분류함으로써 신경망을 훈련시키는 과정이다. 두 번째 챕터는 '의식'으로, 신경망을 사용해 데이터 내 유사성을 도출해 데이터를 범주화하며 재배열한다. 세 번째 챕터, '꿈꾸기'에서는 '환각'이 일어난다. 환각을 구성하는 이미지는 데이터 세트를 구성하는 이미지들의 복사물이 아니라 새로운 이미지다. 이미 존재하는 어떤 것에 대한 이미지가 아니라 존재할 수 있는 무엇인가에 대한 환각적 이미지다(닐 리치, 2023). 이는 기존의 기억을 넘어서 새로운 이미지를 창조하며, 인간의 무의식적 꿈과 유사한 시각적 경험을 제공한다.

2022년 그의 꿈꾸는 데이터 조각은 현대미술의 보고인 뉴욕 현대미술관(Museum of Modern Art) 1층의 건드 로비(Gund Lobby)에도 상륙했다. 2022년 11월 19일부터 2023년 10월 29일까지 뉴욕 현대미술관의 건드 로비에서 아나돌의 〈감독받지 않은(Unsupervised)〉(2022)은 모마의 방대한 컬렉션의 메타데이터를 실시간으로, 지속적으로 이미지로 가공했다.

데이터와 AI의 꿈

아나돌은 인간이 생산해 낸 데이터들이 인간의 뇌를 모방한 인공지능에 녹아들면서 만들어 내는 새로운 이미지를, 인간의 기억과 꿈과 다르지 않은 AI의 꿈이라 제안한다. 그의 데이터 조각은 인간과 기계, 기억과 데이터, 현실과 환각의 경계를 허물며, 보이지 않는 세계를 시각화하는 예술적 실험인 것이다. 이러한 작업은 데이터가 단순히 정보의 집합체를 넘어 새로운 형태의 예술과 인간의 경험을 창출하는 도구임과 동시에 기계의 인간화를 이끄는 촉매제임을 증명한다.

참고문헌

닐 리치. 송종은 역(2023).『인공지능시대의 건축-건축가들을 위한 AI 입문』. Spacetime.

아서 I. 밀러. 김동환·최영호 역(2022). 『아티스트 인 머신』. 컬처북스.

09
AI 미술의 창의성, 마리오 클링게만과 콜렉티브 오비어스

마리오 클링게만과 콜렉티브 오비어스의 자율 생성 적대 신경망(Generative Adversarial Network, GAN)을 활용한 초상화는 포스트휴먼 사회를 구성하는 AI 미술의 저자성과 미적 판단 기준을 다룰 수 있는 새로운 미학의 필요성을 우리 사회에 일깨운다.

AI와 화장품?

창의성이란 무엇인가?

창의성은 기존에 없던 새로운 것을 생각해 내는 능력으로, 본능에 따른 동물의 행동과 달리 생각과 정보를 의식적으로 조합하는 특징이 있다. 국립국어원 표준국어대사전은 창의성을 "새로운 것을 생각해 내는 특성"으로 정의한다. 서섹스대학의 인지과학자 마거릿 보든(Margaret Boden, 1936~)은 창의성을 새롭고 놀라우며 귀중한 생각이나 인공물을 찾아내는 능력으로 설명한다.

특히 예술 영역에서 창의성은 전통에 도전하고 새로운 사고와 제작 방식을 탐구하도록 유도해 새롭고 혁신적인 생각을 이끌어 내는 능력으로 간주된다. 이러한 맥락에서 창의성은 비인간과 구별되는 인간만의 특징으로 여겨지며, 예술 창작에 필수적인 요소다.

AI와 창의성: 미디어 미술가들의 실험

2018년, 미디어 미술가들은 '인간의 창의성만이 예술 창작을 가능하게 하는가?'라는 질문에 대한 답을 찾듯 자율 생성 적대 신경망(Generative Adversarial Network, GAN)을 활용한 초상화를 선보였다. 대표적인 사례가 독일계 마리오 클링게만(Mario Klingemann, 1970~)의 〈정육점 집 아들(The Butcher's Son)〉(2017)과 〈행인의 기억(Memories of Passersby I〉, 그리고 콜렉티브 오비어스(Obvious)의 〈에드몽 드 벨라미 초상(Portrait of Edmond de Belamy)〉이다.

클링게만의 〈정육점 집 아들〉은 2018년 루멘상 예술 및 기술 부문에서 금상(Lumen Prize Gold Award)을 수상하며, 인공지능이 제작한 작품으로는 최초로 이러한 영예를 안았다. 콜렉티브 오비어스의 〈에드몽 드 벨라미 초상〉은 2018년 뉴욕 크리스티 경매에서 약 43만 달러(약 6억 원)에 낙찰되며 자율 생성 AI 작품으로는 최초로 경매 기록을 세웠다. 이를 통해 두 작품 모두 GAN 기술의 예술적 잠재력을 대중에게 알렸다.

GAN의 창의적 원리와 논란

GAN은 2014년 구글 연구원 이언 굿펠로(Ian Goodfellow)가 개발한 딥러닝 모델이다. 이는 생성자(Generator)와 판별자(Discriminator)로 칭해지는 서로 다른 두 개의 신경망이 경쟁하며 성능을 개선해 나가는 구조다. GAN은 데이터 학습 과정을 통해 새로운 이미지를 생성한다.

그런데 이 과정에서 이미지의 겹침과 같은 현상이 발생한다. 인공지능이 구동하는 과정에서 일어나는 은닉층을 포함한 신경망 자체의 복잡한 구성의 부분에서 어떤 요인이 출력물에 영향을 미치는지 인간-사용자는 알 수 없다. 우리는 머신 러닝의 진행 과정에서 이해하거나 설명할 수 없는 부분을 인공지능의 '블랙박스(black box)'라고 부른다. 클링게만은 이 블랙박스가 생성하는 우연성이야말로 미적 유희의 본질이라고 주장했다.

2018년에 발표한 〈행인의 기억〉에서 클링게만은 GAN을 이용해 지속적으로 변화하는 초상화를 선보였다. 컴퓨터가 장착된 캐비닛 위에 위치한 두 개의 스크린으로 GAN은 17~19세기 유럽 초상화 데이터 세트를 기반해 끊임없이 존재하지 않는 인물의 초상화를 생성한다.

이 작품은 자율 생성 AI 이미지 프로그램을 사용하는 미술가들이 일반적으로 수많은 이미지를 출력한 후 하나의 이미지를 선택해 취하는 것과 달리, GAN의 이미지 생성 과정을 그대로 작품으로 제시함으로써 인공지능의 블랙박스 아래 분류될 수 있는 얼굴의 겹침 또한 그대로 노출시켰다. 클링게만이 인공지능의 창의성을 주장하는 사람이라는 것을 염두에 두었을 때, 수많은 초상화를 찰나에 생성해 내는 과정을 그가 제시한 것은 인공지능의 창의성을 선보이기 위한 전략이라고 살펴볼 수 있다. "기계가 적어도 다른 종류의 창의성을 통해 새로운 다른 문을 열어 주었으면 한다"(아서 I. 밀러, 2022)는 작가의 많은 그가 인공지능을 통해 새로운 종류의 창의성에 도전하고 있다는 것을 말해 준다.

콜렉티브 오비어스의 〈에드몽 드 벨라미 초상〉은 짙은 색 외투 위로 드러나는 하얀 칼라 차림을 한, 얼굴의 이목구비는 흐릿해 알 수 없는 한 남자의 초상화다. 인물 오른쪽 아래에는 화가의 이름이 아닌 그림을 생산한 알고리즘의 방정식이 서명처럼 담겨있다.

오비어스는 위고 카셀 뒤프레(Hugo Caselles-Dupré), 피에르 포트렐(Pierre Fautrel), 고티에 비르니에(Gauthier Vernier)로 구성된 20대 프랑스 연구자 그룹이다. 이 그룹은 〈에드몽 드 벨라미 초상〉을 위해 14세기부터 20세기까지 만들어진 위키아트 자료 1만 5000점에 달하는 고전적인 초상화를 GAN에 공급했다. 그리고 판별기를 속여 진짜 화가가 그린 초상화와 같은 이미지를 출력하기 위해 생성기를 천천히 돌렸다. 이들은 GAN이 서구 전통의 초상화를 연상시키는 이미지를 생성하는 지점에서 제작 과정을 중단시켜 총 11점의 초상화를 생산했다.

11점의 초상화 속 인물은 사실상 존재하지 않는 가상의 벨라미(Belamy) 가문의 유령이다. 불어로 좋은 친구(bel ami)를 의미하는 벨라미는 GAN을 개발한 이언 굿펠로(Good Fellow)의 오마주다(아서 I. 밀러, 2022). 오비어스는 자신들을 'GAN-ism'의 개척자라고 선언하고 '창의성은 인간만을 위한 것이 아니다'란 주장을 자신들의 모토로 삼고 있다(아서 I. 밀러, 2022).

오비어스의 <에드몽 드 벨라미 초상>의 논란

오비어스의 〈에드몽 드 벨라미 초상〉은 AI 프로그램 연구자와 AI 미술가들 사이에서 논란을 일으켰다. 하나는 이미지 생산에 사용된 알고리즘이 오비어스 구성원이 제작한 것이 아니라 공개 강의 웹 사이트상에서 가용한 알고리즘의 개발자 로비 바라트(Robbie Barrat)를 언급하지 않은 부분이다. 그리고 다른 하나는 오비어스에 앞서 GAN을 이용해 작업해 온 작가들 사이에서 왜 이 작품을 크리스티가 선정했는지에 대한 기준이다. GAN을 이용해 작품 활동을 앞서 펼쳐 온 클링게만은 크리스티가 오비어스의 작품을 경매에 올린다는 소식이 알려졌을 때 크리스티의 선정 기준을 의심하는 입장을 내비쳤다. 이 둘은 전자의 경우, 자율 생성 AI 작품의 창의성과 저자성에서 알고리즘 개발자의 위치에 대해 생각하도록 한다. 후자는 GAN 이미지에 대한 미적 판단을 내릴 수 있는 기준의 필요성이다.

클링게만과 오비어스의 작업은 인공지능이 예술 창작

의 주체로 기능할 수 있는 가능성과 그 한계를 동시에 보여 준다. 특히 오비어스의 작품이 일으킨 논란들은 포스트휴먼 사회를 구성하는 AI 미술의 저자성과 미적 판단 기준을 다룰 수 있는 새로운 미학의 필요성을 우리 사회에 일깨워 준 사건이다.

참고문헌

장교정·이진우(2023). 옴니보어 관점으로 본 인공지능 미술. Journal of Digital Art Engineering & Multimedia, 10(3), 279~292.

아서 I. 밀러. 김동환·최영호 역(2022). 『아티스트 인 머신』. 컬처북스.

https://medium.com/artists-and-machine-intelligence/what-is-ami-ccd936394a83

10
포스트휴먼 생태계, 피에르 위그

피에르 위그의 〈움벨트〉는 인간과 비인간이 어떻게 상호 작용하며 공생할 수 있는지를 탐구하는 포스트휴먼 생태계의 대표적 사례다. 이 작품은 인간과 비인간의 시선이 교차하며 새로운 관점을 형성하는 과정을 통해, 인간 중심적 사고를 넘어서는 가능성을 제시한다. 이는 포스트휴먼 사회에서 기술과 생태, 인간과 비인간의 공존을 모색하는 중요한 예술적 실험으로 평가받는다.

종교와 AI?

포스트휴먼 생태계와 AI 시선

포스트휴먼 사회에서 인간과 비인간의 공생을 실현하기 위해서는 인간 중심적 시각에서 벗어나 비인간의 시선으로 세상을 이해하는 것이 중요하다. 피에르 위그(Pierre Huyghe)의 〈움벨트(UUmwelt)〉(2018)는 이러한 공생적 관점을 탐구한 작품으로, 인간의 뇌 활동을 시각적 이미지로 변화시켜 전시함으로써 인간과 비인간 간 경계 해체를 시도한다. 이 작품은 인간이 인공지능을 통해 인간의 뇌를 바라보는 동시에, 인공지능이 인간의 데이터를 학습하고 해석하는 과정을 시각적으로 경험할 기회를 제공한다.

인간과 인공지능 시각의 재구성

피에르 위그의 〈움벨트〉는 인간의 뇌파 데이터를 시각화하여 인간과 인공지능의 시선이 교차하는 지점을 탐구하는 작품이다. 이 작품에서 특히 흥미로운 부분은 스크린에 투사되는 인간의 뇌 이미지다. 위그는 일본 교토대학교 신경과학자 가미타니 유키야스(Kamitani Yukiyasu)와 협력하여, 뇌파 데이터를 시각적으로 변환하는 인공지능 기술을 개발했다.

가미타니가 일하는 정보학 연구소에서 위그는 세 단

계를 거쳐 뇌 활동 데이터를 수집했다. 먼저, 참가자들이 특정 이미지를 보거나 아이디어를 떠올리도록 유도하면서 뇌의 활동 패턴을 기능적 자기공명영상(Functional Magnetic Resonance Imaging, FMRI) 스캐너를 통해 기록한다. 이렇게 수집된 뇌파 데이터는 가미타니 연구소에서 개발한 인공지능 소프트웨어를 통해 시각적 형태로 재구성된다. 소프트웨어는 뇌 활동 데이터를 기존의 이미지 데이터베이스와 비교하여 유사한 시각적 요소를 찾아내고 이를 바탕으로 이미지를 생성한다. 마지막으로, 인공지능이 생성한 이미지는 위그에 의해 약간의 수정을 가미했다. 이렇게 생성된 이미지는 끊임없이 변화하며, 인간의 뇌가 떠올리는 생각이나 시각적 이미지가 어떻게 나타날 수 있는지를 보여 준다.

그 결과 갤러리를 방문한 관객들은 〈움벨트〉를 통해 다른 두 시선을 경험할 수 있다. 하나는 인간 뇌의 활동을 보고 인간 뇌에 접근한 컴퓨터 시선이다. 다른 하나는 컴퓨터가 세상을 바라보고 이미지를 학습하는 방법을 바라보는 인간의 시선이다. 즉 이 작품은 인간 지능과 기계 지능의 조응을 시도한다.

생태와 AI의 융합

〈움벨트〉에서 위그는 인간과 비인간이 얽힌 포스트휴먼 생태계를 구축했다. 런던의 서펜타인 갤러리(Serpentine Gallery)에 설치된 다섯 개의 대형 독립형 LED 스크린은 인간 뇌파 데이터를 기반으로 생성된 이미지를 투사한다. 스크린들 속 이미지들은 때때로 동물이나 사물의 구체적인 형상을 띠다가도 갑자기 파악할 수 없는 세포 같은 형태로 변화하며 관객의 상상력을 자극한다.

스크린들뿐만 아니라 전시 공간 역시 〈움벨트〉를 구성하는 작품의 일부다. 약 1만 마리의 파리가 갤러리 공간에 방출되어 스크린 위에 앉거나 죽은 채로 바닥에 떨어져 있다. 파리는 스크린의 이미지 변화와 상호 작용하는 듯 움직인다. 그리고 온도 · 습도 · 조명과 같은 환경적 요인이 스크린의 이미지 형태와 전환 속도, 파리의 생태계에 영향을 미친다. 이처럼 위그는 환경적 변화와 인간의 의식 간의 상호 작용을 통해 관객이 전시 공간을 하나의 생태계로 느낄 수 있도록 설계했다.

'움벨트'의 의미, 비인간적 관점에서의 세계

파리와 인공지능을 결합해 구성한 이 작품은 독일 생물학자 야코프 폰 윅스퀼(Jakob von Uexküll)의 이론에서 유래한 단어인 움벨트(Umwelt)에서 제목을 가져왔다. 이 단어는 생물 종마다 각기 다른 방식으로 세상을 인식하고 경험한다는 의미를 담고 있다.

위그는 인간 중심적 시각에서 벗어난 생태학을 암시하기 위해 이 단어에 'U'를 추가했다. 위그가 제안하는 포스트휴먼 생태계는 많은 개체가 각기 다른 방식으로 세계를 인식하는 과정에서 일어나는 역학 관계에 내재한 불화를 수용한 공간이다. 그는 인간과 비인간 존재가 각자의 방식으로 환경을 이해하고 상호 작용한다는 점을 강조하며, 인공지능 역시 독립적인 시각과 상상력을 가진 존재로 발전할 가능성을 탐구한다. 〈움벨트〉는 인간 중심적 관점에서 벗어나 인간과 비인간의 시선이 교차하고 상호 작용함으로써 새로운 공생의 가능성을 제시한다.

해러웨이의 '상황적 지식'과 사이보그적 시각

〈움벨트〉와 같은 AI 프로젝트는 우리가 세상을 해석하는 방식은 우리에게만 한정되어 있다는 사실을 상기시켜 준다. 항상 다른 배열로 빠르게 연속적으로 보이는 움벨트 이미지의 다양성과 파편성은 사실 통일된 우리는 존재하지 않는 조작된 사실이라는 것을 말해 준다.

도나 해러웨이(Donna Haraway)가 "상황적 지식들"에서 지적한 바처럼 우리의 시각은 사실 이분법적으로 인간적 혹은 비인간적으로 분류된 기준으로 그것은 사실상 보편적이 아닌 상대적 진실이다. 해러웨이에 따르면, 인간과 비인간의 관계 설정에서 비인간이라는 타자는 백인 남성이라는 주체와의 비대칭적인 관계 속에서 부분성이 생략된 채 보편적 지식을 정언으로 삼아 왔다는 것이다. 즉, 백인 남성 관찰자의 과학적 진리란 주변화된 소수자의 주체성은 간과한다. 인간과 인공지능의 관계를 묘사하는 다양한 텍스트를 이해하기 위해서는 서구-백인-이성-신사라는 '겸손한 목격자'의 선입견에 사로잡힌 정보를 비판하고 부분성을 서로 연결하는 과정을 통해 현실을 이해할 수 있도록 해야 한다. 즉 타자에게 부여한 비인간적이란 것은 보편적 지식이 적용될 수 없는 영역이며 이를 극복하기 위해 사이보그 시각을 토대로 '상황적 지식'의 부분성을 회복해 나가야 한다(도나 해러웨이, 2006).

포스트휴먼 생태계, 공생의 장

〈움벨트〉는 인간과 비인간이 어떻게 상호 작용하며 공생할 수 있는지를 탐구하는 포스트휴먼 생태계의 대표적 사례다. 이 작품은 인간과 비인간의 시선이 교차하며 새로운 관점을 형성하는 과정을 통해, 인간 중심적 사고를 넘어서는 가능성을 제시한다. 이는 포스트휴먼 사회에서 기술과 생태, 인간과 비인간의 공존을 모색하는 중요한 예술적 실험으로 평가받는다.

참고문헌

도나 해러웨이. 민경숙 역(2006). 『겸손한_목격자@제2의_천년.여성인간©_앙코마우스™ 를_만나다』. 갈무리.

이재은(2017). 포스트휴먼 시대 미술의 사이보그 알레고리-아르오리앙테 오브제의 〈아마도 내 안에 말이 살고 있을지도 몰라〉(2011). 『분열된 신체와 텍스트-포스트휴먼의 무대2』. 아카넷.

Farago, J.(2018.10.11). Pierre Huyghe Reads Our Minds, and Discovers a New Art Form, The New York Times, https://www.nytimes.com/2018/10/11/aret/design/pierre-huyghe-serpentine-gallery-lindon-artist.html

이재은

한국외국어대학교 일본연구소 전임연구원, 한국예술종합학교 미술원 미술이론과 겸임교원이다. 성신여자대학교에서 미술사학 박사 학위를 받았다. 가천대학교 아시아문화연구소에서 학술연구교수, 건국대학교 모빌리티인문학연구원에서 HK연구교수로 일했다. 가천대·경희대·성신여대·전남대 및 여러 대학과 sadi에 출강했다. 포스트휴먼 미술에 관심을 갖고 최근 몇 년간 테크노퓨처리즘에 대한 연구를 진행하고 있다. 저서로는 『모빌리티인문학의 적용과 모델링』(2024), 『분열된 신체와 텍스트』(2017)가 있으며 논문으로는 “Island and Mobility in the Face of Climate Change: Robert Smithson’s Floating Island”(2024), “포스트휴먼시대 한국현대미술과 로봇”(2023), “인공지능과 포스트휴먼: 노진아의 〈제페토의 꿈〉을 중심으로”(2021), “포스트휴먼의 꿈, 최우람의 ‘기계 생명체’를 중심으로”(2021) 외 다수가 있다.